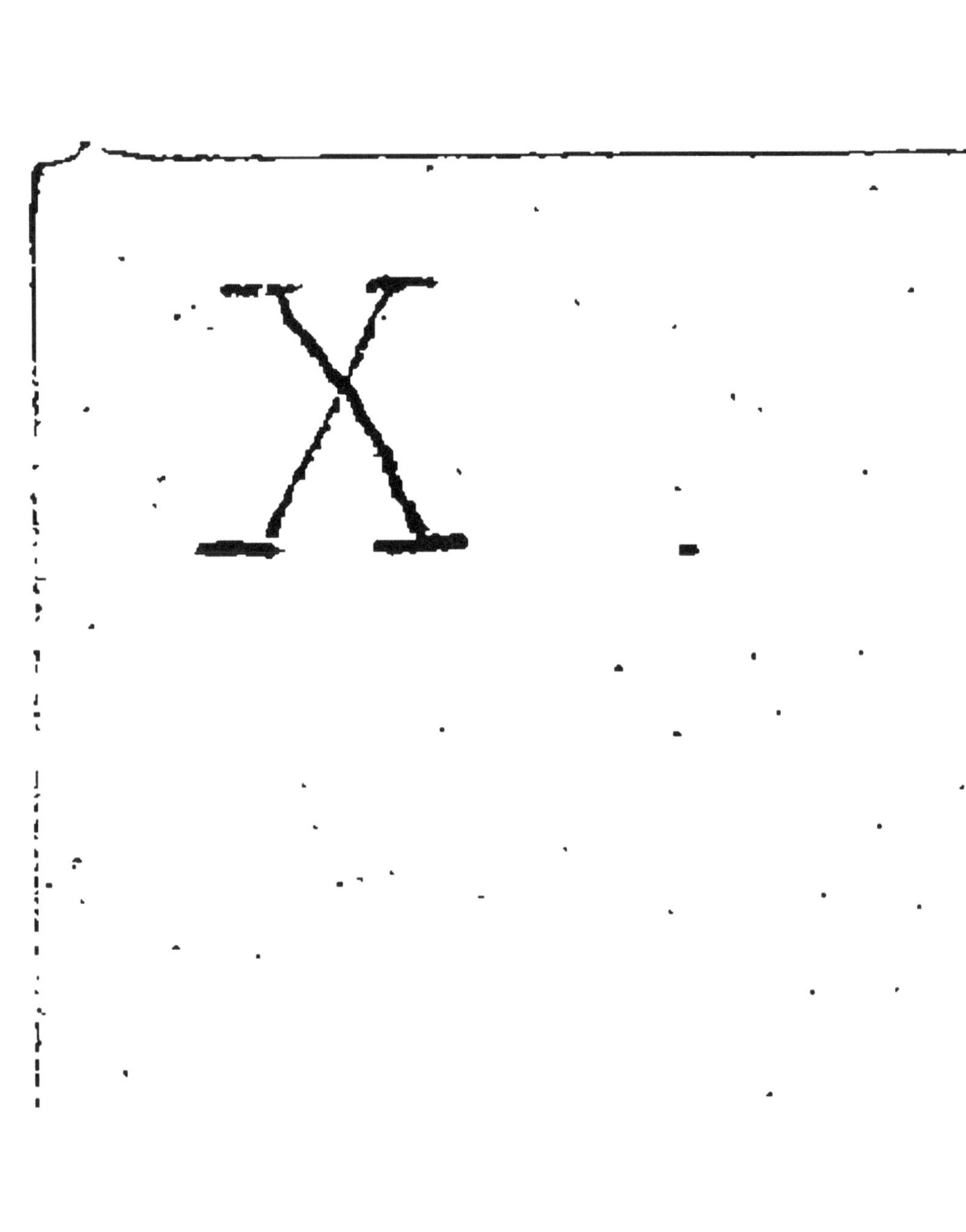
X.

COURS GRADUÉ

DE

NARRATIONS FRANÇAISES

OU

ÉTUDES SUR LE STYLE.

SAINT-DENIS. — IMPRIMERIE DE PREVOT ET DROUARD.

COURS GRADUÉ

DE

NARRATIONS FRANÇAISES

OU

ÉTUDES SUR LE STYLE

PAR

M. ANOT DE MAIZIÈRES,

Professeur de rhétorique au collége royal de Versailles,
officier de l'Université, docteur ès-lettres,
auteur de l'*Exposé comparatif* de toutes les religions, du traité du *pathétique*,
des *Exercices sur la composition littéraire* ;
de divers ouvrages couronnés par les académies de Lyon, de Mâcon
et de Châlons, etc.

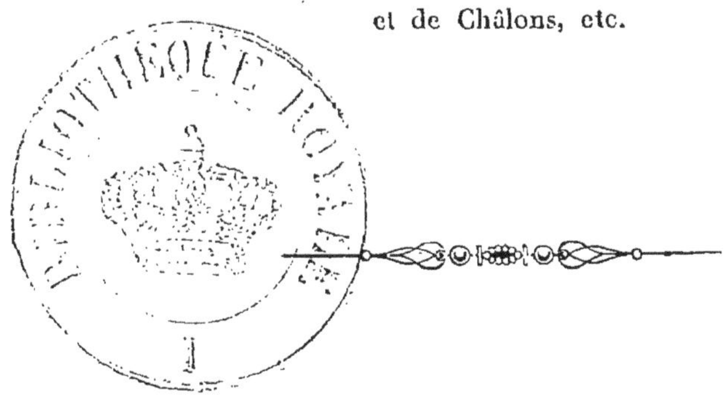

PARIS.

L. F. HIVERT, LIBRAIRE-ÉDITEUR,

QUAI DES AUGUSTINS, 33.

—

1848.

PRÉFACE.

C'est à faire des *narrations* qu'il faut d'abord exercer les jeunes gens;

Ce genre de travail ne demande ni beaucoup de connaissances, ni de longues réflexions; il convient à leur âge.

Comme il porte sur un fait principal qu'on leur a exposé, et auquel ils n'ont que de simples détails à ajouter, il est de leur goût.

Nous pouvons dire qu'il n'en est point non plus qui leur soit plus utile.

Le talent de *raconter* s'applique à tout; dans un *discours*, dans une *lettre*, dans un *rapport*, dans la *conversation*, on en a besoin.

Aussi, les écoles *militaire*, *polytechnique*, *navale*, *forestière* demandent-elles des *narrations* aux candidats qui se présentent à leurs examens.

Aussi l'Université prescrit-elle ce genre d'exercices aux élèves de *ses rhétoriques françaises*.

Quant aux pensionnats de demoiselles, la *narration* est le grand objet de leurs études littéraires.

Voilà ce qui nous fait croire que notre livre répond aux besoins de l'enseignement dans toutes les écoles.

Nous avons cherché à lui donner un autre avantage, celui de pouvoir servir à diriger tout à la fois le travail du maître et celui de l'élève.

Aux *narrations* nous avons ajouté des *dialogues*.

Le dialogue est une forme de langage éminemment favorable à l'exposition des idées; il oblige les interlocuteurs à s'exprimer avec netteté et à se résumer avec concision.

Il amène naturellement des oppositions et des contrastes d'où résulte, pour le lecteur, la facilité de saisir les différences et les analogies.

Il donne, par la vivacité qui est habituelle aux répliques, du mouvement et de la chaleur au langage.

Un dialogue est une sorte de combat où deux

intelligences luttent de force et de souplesse; de là, une grande variété dans les tours de phrases.

N'apprend-on pas, en étudiant les règles de ce genre de composition, à mieux juger du mérite d'une tragédie, d'une comédie, d'un drame, qui sont une série de dialogues?

Les faits viennent à l'appui de cette opinion; les plus grands écrivains ont adopté, dans leurs ouvrages les plus sérieux, la forme du dialogue, comme Platon, dans l'*Exposé de la philosophie* de Socrate, comme Cicéron dans ses *OEuvres oratoires*, comme Fontenelle dans son livre de la *Pluralité des mondes*.

Plusieurs des *églogues* de Théocrite et de Virgile sont *dialoguées*.

Il en est de même de beaucoup de *satires* d'Horace, de Juvénal, de Perse et de Boileau.

Des dialogues se trouvent fréquemment dans les *Fables* de La Fontaine.

Qu'est-ce que la conversation, sinon un dialogue?

Enfin l'expérience a prouvé que les seules formes de style qui plaisent à la jeunesse sont celles qui lui ménagent des moments de repos sur la route, qui lui allégent le travail en le divisant, qui ne lui présentent à la fois qu'une idée, et c'est là ce qui a lieu dans les dialogues.

Nous avons gradué ceux que nous publions ici de manière à présenter d'abord des objets simples et qui offrent des leçons aisées à comprendre. Ainsi, la fable est notre point de départ; mais arrivés au terme de notre course, nous n'avons pas craint de traiter même des questions religieuses et philosophiques.

Dans notre ouvrage, chacune de nos petites compositions est accompagnée d'un exposé sommaire du sujet que nous donnons à traiter, puis des conseils qu'il faut suivre pour le traiter convenablement.

Ainsi, il y a dans notre livre, des leçons de littérature, en même temps que des leçons d'honnêteté des règles de l'art d'écrire, et des règles de morale.

Enfin, nous avons cherché à lui donner le mérite de la variété: nous y avons traité toutes sortes de questions; suivant les conseils de Boileau, nous avons cherché à passer du grave au doux, du plaisant au sévère; nous n'avons pas écrit pour des membres de l'Institut, mais pour des jeunes gens.

COURS GRADUÉ

DE

NARRATIONS FRANÇAISES.

L'OURS VOLEUR DE MIEL.

(FABLE.)

Sommaire.

Un ours avait pillé une ruche après l'avoir renversée ; le possesseur des abeilles, en arrivant sur le lieu du délit, éclata en plaintes contre son auteur. Voilà bien les hommes, lui dit une abeille ; ils s'indignent des brigandages qui rendent les leurs impossibles.

DÉVELOPPEMENT.

Ce sujet comporte une entrée en matière vive et soudaine, comme celle de plusieurs fables de La Fontaine, qui débute ainsi dans *le Berger et son Troupeau :*

> Quoi ! toujours il me manquera
> Quelqu'un de ce peuple imbécille !

Et dans *le Lion et le Moucheron :*

> Va-t'en, chétif insecte, excrément de la terre !

Il y a, dans la vivacité de cette forme de langage, quelque chose qui frappe d'abord l'imagination et qui d'ailleurs ici est en harmonie avec la violence du sentiment qu'on doit exprimer.

Seulement, si on veut que la colère de l'homme volé fasse d'abord explosion d'une manière vraisemblable, il ne faut pas oublier qu'elle doit être motivée par le tableau même du vol ; aucune des circonstances qui sont propres à faire ressortir la gravité de cet événement ne doit être omise ; le dégât causé par l'ours dans la ruche doit être peint comme La Fontaine a peint celui que cause un renard dans un poulailler, fable du *Chien et le Fermier*, c'est-à-dire avec des couleurs vives et animées ; au tableau de la colère du possesseur d'abeilles et du dégât qui l'a excité, doivent succéder quelques imprécations ou menaces contre le coupable, car les idées de dommage et celles de vengeance se suivent dans la logique humaine. Mais qui répliquera aux plaintes injustes de l'homme? L'ours? il a dû s'éloigner ; un jardinier? il n'oserait dire la vérité à son maître; mieux vaut que ce soit une des abeilles qui ont échappé à la ruine de leur patrie, et qui, ayant plus souffert de la part des hommes, sont plus en droit de leur donner des leçons.

CORRIGÉ.

Ah ! brigand ! s'écria un matin le maître d'un verger, à la vue de ses ruches qu'un ours avait pillées pendant la nuit; non-seulement le voleur a enlevé le miel, mais il a encore écrasé les abeilles, renversé leur demeure, et foulé le gazon fleuri dont je l'avais entouré !

Il est vrai, dit une abeille qui avait échappé au commun désastre, l'ours nous vole brutalement, tandis que toi, tu nous enlèves notre trésor sans violence et sans bruit; mais les attaques de l'ours sont rares, on peut y échapper ; tandis que les larcins de l'homme se renouvellent tous les ans, nous ruinent complétement, et même autrefois nous coûtaient la vie à toutes, quand il n'avait pas encore imaginé le moyen ingénieux de nous dépouiller, sans se priver de nos services.

Tu ne vaux pas mieux que l'ours, seulement tu fais le mal avec plus d'intelligence.

LES CEPS DE VIGNE ET L'ORMEAU.

(FABLE.)

Sommaire.

Des vignes qui serpentaient autour des branches d'un *vieux* orme déjà couronné et qui lui donnaient une parure d'emprunt, insultèrent à sa triste nudité : qu'arriva-t-il? On abattit l'orme, et les vignes qu'il soutenait, obligées de ramper, furent bientôt méprisées et arrachées comme lui.

DÉVELOPPEMENT.

Le grand art de narrer, c'est de lier entre elles les choses qu'on raconte; c'est de déduire un fait du fait qui le précède et de le faire servir lui-même d'explication au fait qui doit suivre. Si nous appliquons ce principe au sujet que nous traitons, nous placerons nos personnages en Italie, où, d'ordinaire, la vigne a des arbres pour supports; nous dirons combien cette vigne était belle, pour expliquer son orgueil, et combien l'orme était d'une triste apparence, pour expliquer l'insulte qui lui est faite; enfin, en disant que l'arbre est abattu et qu'ensuite la vigne est arrachée, nous donnerons les raisons de ces deux faits: c'est dans ce sens que la fable doit être développée. Quant à l'art d'intéresser, il consiste à prêter de bonnes qualités à ceux qui souffrent ou qu'on insulte, ainsi La Fontaine donne un bon naturel au roseau humilié par le chêne.

D'après cela, on comprend que l'orme insulté par la vigne qu'il soutient, doit avoir dans notre fable un bon caractère.

Nous n'avons pas besoin de dire que la vigne étant jeune, inexpérimentée et vaine, ne doit pas avoir le langage concis et sententieux du vieillard; cette différence de style dans des personnages d'âge différent, est admirablement marquée dans la fable de La Fontaine qui a pour titre : *le Vieillard et les trois jeunes Gens*.

CORRIGÉ.

Vous êtes ma parure, disait une bonne grand'-mère à ses petits-enfants, qui l'entouraient de leurs bras caressants; grâce à vous, des regards complaisants s'arrêtent encore sur moi, je me revois jeune de votre jeunesse; je cache mes traits durcis par le temps sous les grâces naissantes de ma jeune postérité: alors une de ses petites-filles lui récita la fable suivante :

De jeunes vignes avaient enlacé de leurs rameaux flexibles le tronc d'un orme à demi vaincu par le temps, et courant sur ses branches desséchées les avaient cachées sous leur propre feuillage, au milieu duquel brillaient des grappes de raisin déjà vermeilles. Comme on ne voyait plus l'orme, on ne pensait plus à lui, et on n'admirait que les guirlandes de pampre sous lesquelles il avait disparu; celles-ci elles-mêmes enorgueillies de leur beauté se dirent : Ce vieillard est bien heureux que nous lui prêtions notre feuillage et nos fruits pour couvrir sa nudité! Il est vrai, répondit l'orme, vous êtes ma parure, mais je suis votre soutien : et, en effet, à quelques jours de là, le jardinier abattit l'arbre ; les vignes obligées de ramper à terre après sa chute, perdirent leur fraîcheur et leur fécondité; on n'hésita pas à les arracher aussi.

Honore tes parents et tes bienfaiteurs, si tu veux que sur la terre ta vie soit longue et heureuse.

Tu le vois, bonne mère, ajouta l'enfant, l'orme, à tout prendre, peut se passer de l'ornement de la vigne, mais quand la vigne n'a plus de soutien, elle meurt ou ne donne plus de fruit.

SIGALION, OU LE DIEU DU SILENCE.

Sommaire.

Le dieu du silence exilé du ciel est descendu sur la terre pour y chercher partout un asile qu'il ne trouve nulle part ; il entre enfin dans un collége, où il s'assied dans la cour ; c'était l'heure où les écoliers sont en classe ; soudain le bruit du tambour donne le signal de la récréation : les disciples d'Apollon s'élancent en foule hors de leur prison, et à la vue du dieu du silence, ils fondent sur lui et le chassent d'une maison où depuis lors il n'est jamais rentré.

DÉVELOPPEMENT.

Si l'on veut donner à ce sujet une couleur antique, et cette espèce de vraisemblance qui tient à la reproduction des petits détails historiques qui accompagnent un fait, et qui doivent être en harmonie avec lui, il faut remonter le cours des âges et se replacer au milieu du monde mythologique ; il faut se faire Grec ou Romain. L'érudition que demande une pareille métamorphose n'a, du reste, rien d'effrayant.

Si on veut lui donner quelque développement, on reconnaîtra aisément que le point sur lequel il faut insister, est celui des mésaventures de Sigalion et de diverses tentatives qu'il fait pour trouver des hôtes bienveillants.

Il est clair aussi qu'il faudra donner au dieu proscrit toutes les raisons possibles de se croire en sûreté dans la cour du collége, pour mieux faire ressortir le péril inattendu où le jette le mauvais accueil qu'il reçoit des écoliers ; enfin, il est superflu d'avertir l'élève chargé d'étendre une pareille matière, qu'il s'agit uniquement d'y ajouter quelques circonstances omises à dessein, d'en compléter quelques aperçus trop sommaires, et d'en mieux graduer les petits incidents.

CORRIGÉ.

Le dieu du silence exilé de l'Olympe, à la prière des déesses, était errant sur la terre et y cherchait un asyle.

Il crut en trouver un dans le sanctuaire de Vesta, dont il lui semblait que les vains bruits du monde ne devaient point troubler la tranquillité et la religieuse solitude; mais une tourrière bavarde l'en chassa à coups de balai : Me voici sur le forum, se dit-il en s'éloignant, entrons ici, je serai plus heureux dans le temple de Thémis, c'est surtout à la justice à se montrer calme ; mais les confuses clameurs de deux bavards d'avocats lui ôtèrent cette illusion.

Allons, dit-il, au sénat, c'est là que siégent, dans toute la dignité de la vieillesse et de l'expérience, ces pères conscrits qui parurent à Cynéas autant de rois. Malheureusement, ce jour-là, la discussion était une véritable tempête, et le temple de la concorde, où étaient réunis les pères de l'État, ressemblait à une halle. Hors du Pomœrium dans le quartier des esquilies, le dieu du silence trouva ouvert le collége bâti par Mécène pour y recevoir les nourrissons des muses qui étaient alors en classe ; me voilà, enfin, pensa le dieu, arrivé au terme de mes courses.

Ici quelle paix profonde ! quel calme enchanteur sous ces frais ombrages ! mais soudain le bruit du tambour se fait entendre et roule en mugissant de corridor en corridor ; les écoliers, au signal de la récréation, se précipitent vers la cour, ils y voient, ils y reconnaissent l'ennemi, ils fondent sur le malheureux, et à coups de livres, de cartons et de pupitres brisés, ils l'obligent à sortir d'une demeure où depuis il n'a pas remis les pieds.

RÉFLEXION.

L'extrême simplicité d'un pareil sujet ne doit pas le faire dédaigner comme matière de composition ;

ceux que La Fontaine a traités avec un art si merveilleux n'étaient ni plus relevés ni plus vastes; les charmants récits de madame de Sévigné roulent sur des événements encore plus futiles que celui-ci; enfin, en donnant une pareille fiction à développer, on ôte à un enfant tout prétexte d'alléguer la difficulté de sa tâche, on le rend plus confiant, et on se réserve à soi-même le droit d'être plus sévère envers lui, s'il fait mal. . .

LE MOINEAU VOLEUR.

Sommaire.

Un moineau trouvant un nid d'hirondelle inoccupé s'y installa, et après l'avoir examiné, le jugeant à sa convenance, commode et solide, décida qu'il était à lui. Quand la propriétaire vint réclamer ses pénates, il la reçut à coups de bec; celle-ci, trop faible pour résister seule au brigand, revola vers ses compagnes, et les pria de lui venir en aide; les hirondelles aussitôt se munirent de ciment, et, murant l'entrée du logis usurpé, y enfermèrent le moineau comme dans une prison; le voleur y mourut de faim.

DÉVELOPPEMENT.

Un moineau qui s'empare d'un nid d'hirondelle pendant l'absence de celle-ci, quoi de plus simple, quoi de plus stérile en apparence? mais en y réfléchissant, on se rappelle le parti admirable qu'a tiré La Fontaine d'un sujet semblable dans celle de ses fables qui a pour titre : *le Chat, la Belette et le petit Lapin,* et on est forcé d'avouer que ce qui a été exécuté est possible.

Comment a procédé le fabuliste?

Il a tracé un vivant portrait des personnages qu'il a mis en scène, il a détaillé le fait qui est le sujet de son drame, en y ajoutant les circonstances qui sont les plus propres à le rendre vraisemblable, et qui naissent du caractère, des intérêts et des passions qu'il prête à ses acteurs.

Une fois acceptée la donnée principale du vol, il est naturel de supposer le voleur hardi, impudent, impitoyable, comme il est naturel aussi de supposer sa victime timide et confiante seulement dans la justice et le secours d'autrui; de là deux portraits à tracer.

Enfin, une fois admise l'intervention des hirondelles en faveur de leur compagne, il est tout simple qu'il en résulte une péripétie, c'est-à-dire un changement dans la fortune des personnages, la punition du brigand et le triomphe du droit méconnu; ce qui amène la moralité du récit.

CORRIGÉ.

Un moineau d'assez mauvaise vie, paresseux par goût et voleur par habitude, aperçut un jour un nid d'hirondelle dont la propriétaire était absente; il y entra, le trouva à sa guise et s'y établit! des remords? il n'en eut point; de la pitié? ce sentiment lui était inconnu; quant aux réclamations de l'hirondelle, il en riait d'avance, tant il les trouvait plaisantes; la tête à la fenêtre, le brigand promenait autour de lui des regards effrontés, affilant son bec et étendant ses petites griffes sur le seuil du logis usurpé. L'hirondelle à son retour n'employa d'abord auprès de lui que la prière; il lui répondit en sifflant : elle eut recours aux menaces, il lui donna des coups de bec; la pauvrette s'éloigna. Me voilà délivré de sa criaillerie, se dit-il, que faut-il pour réussir dans le monde? de l'audace, encore de l'audace, et toujours de l'audace. Maintenant le nid est à moi : l'espoir du brigand fut déçu. En quelques heures, toutes les hirondelles du voisinage furent instruites du malheur de leur compagne; ce malheur devint le sujet de toutes les conversations qui se tenaient parmi elles aux faîtes des cheminées, aux bords des eaux et aux angles des fenêtres; mais comme c'est peu de plaindre le malheur, et que le grand point c'est de le soulager; des paroles, les hirondelles passèrent aux effets. D'un commun accord elle s'envolèrent vers un lac voisin, et, planant d'abord au-dessus de sa surface, puis abaissant leur vol de manière à en toucher légèrement les eaux, elles vinrent ensuite secouer sur le rivage la rosée dont le duvet de leur poitrine était couvert. Le sable détrempé devint pour elles du ciment dont elles emportèrent chacune une becquetée. Alors elles commencèrent à murer l'entrée du nid où était le brigand; celui-ci à son tour eut recours aux prières, demanda grâce et jura d'expier sa faute par une vie exemplaire, par une longue suite de bonnes œuvres qui édifieraient tout le peuple des oiseaux. Les hirondelles qui connaissaient l'hypocrite furent inflexibles : éclairé sur son péril, il changea de ton, et se défendit en désespéré; mais à mesure qu'il entamait une assise de ciment, les assiégeantes en posaient trois autres. L'entrée de la citadelle attaquée se rétrécissait à vue d'œil, le moineau s'en apercevait, et la peur ranimant son énergie et ses forces, il faisait des prodiges de bravoure; mais le nombre l'emporta : il était seul contre toutes, que vouliez-vous qu'il fît? Qu'il *mourût*, ce fut en effet ce qui lui arriva. En dépit de ses supplications et de sa résistance, l'œuvre commencée fut continuée sans miséricorde, le logis qu'il avait usurpé lui devint une prison et cette prison fut son tombeau.

LE PORTRAIT DU LION [1].

Sommaire.

Un jeune lion qui voulait se marier fit faire son portrait et l'envoya à une princesse de la forêt voisine que

[1] Nous devons la première idée de cet apologue à M. Lafosse, qui vient de publier un recueil de fables aussi spirituelles que bien versifiées.

plus tard il se proposait de demander pour épouse. Examen fait du portrait, la lionne refusa l'original pour son mari. Le roi des forêts, indigné de cet affront, s'en prit à son peintre et l'étrangla.

DÉVELOPPEMENT.

La première idée qui se présente à un élève chargé de développer une fable, c'est de prendre le style de La Fontaine pour modèle du sien ; mais comme une telle recommandation est inutile si elle reste vague et générale, nous devons chercher à la préciser par quelques observations particulières pour qu'elle porte fruit.

Dans La Fontaine, la peinture des animaux est celle des hommes ; il sera donc bon de faire vivre, agir et parler le roi des forêts comme un roi ordinaire, de lui donner une cour, des conseillers, des ambassadeurs.

Communément les tableaux de La Fontaine sont une critique de la société ; il sera donc à propos aussi, en plaçant des courtisans auprès du lion, de donner à ceux-ci le caractère des nôtres.

Le charme des narrations de l'immortel fabuliste tenant à leur naïveté, on devra comme lui attacher du prix à se montrer simple et naturel.

Enfin on pourra même, quoique avec réserve et dans une sage mesure, s'approprier quelques uns de ses tours de phrase, quelques unes de ses locutions les plus familières.

Reprenons maintenant le sujet donné dans chacune de ses parties : *Un jeune lion qui voulait se marier fit faire son portrait.* Quel a été le peintre de sa majesté ? La matière ne le dit pas, mais la fable doit le dire, car le peintre est le personnage le plus important du drame : prêter à ce peintre de la finesse serait un contre-sens, puisqu'il se charge d'une mission périlleuse et qui cause sa perte ; en faire un sot, serait choquer la vraisemblance, car on n'a pu confier à un sot le soin de reproduire une figure royale ; il reste à supposer que le peintre a été un animal bon, crédule et dévoué, et qu'il a été victime de ses bonnes qualités, car c'est ainsi que les choses se passent dans le monde.

Il l'envoie à la princesse que plus tard il se propose de demander en mariage.

Il y a ici une allusion à faire aux usages des cours. Le roi des animaux doit connaître l'étiquette comme il connaît l'histoire.

CORRIGÉ.

Messieurs, dit un jour, à son lever, le roi des animaux, notre bon plaisir est de nous faire peindre, et d'envoyer notre portrait aux cours étrangères ; nous avons dessein de nous marier, et avant de proposer notre alliance à une jeune lionne, nous trouvons convenable de lui faire connaître notre royale figure; les courtisans, qui, dans le mariage du prince, entrevoyaient des fêtes et des cadeaux, applaudirent à sa résolution : que l'un de vous, poursuivit le lion, se charge donc du travail que nous demandons et pour lequel nous tenons en réserve de riches témoignages de notre munificence. Le loup, qui savait combien la dernière chasse de Sa Majesté avait été heureuse, était vivement tenté d'offrir ses services; toutefois la prudence chez lui l'emporta sur la gloutonnerie ; l'ours, après y avoir réfléchi, allégua qu'il n'avait jamais fait que des ébauches ; le singe, qu'il n'était supportable que dans le grotesque; le cerf, qu'il tremblerait en présence de Sa Majesté ; moi, dit le renard, ma pauvreté m'a empêché de faire des études suffisantes, obligé que j'étais de vivre d'expédients; je n'ai rien appris. Un bœuf qui, par bon cœur, souffrait de ces refus, y mit un terme en disant : c'est moi qui peindrai notre gracieux souverain. L'œuvre achevée, le chevreuil partit en estafette pour la porter à sa destination, et l'offrit, au nom du roi son maître, à celle des princesses qui lui parut avoir la taille la plus majestueuse et la plus belle crinière : la belle rugit gracieusement, et l'ambassadeur, après avoir rendu un compte fidèle de cet heureux événement, reçut l'ordre de sa cour de demander officiellement la jeune princesse à son père : celui-ci tint cette demande à grand honneur et accepta; mais sa fille, à qui une femme de chambre avait narré, en l'aidant à sa toilette, les méfaits du prétendant, le refusa tout net.

A cette nouvelle, l'amant éconduit entra dans une violente colère; tout trembla autour de lui : Sire, dit le renard au milieu d'un silence universel, si les traits augustes de Votre Majesté eussent été fidèlement retracés dans votre portrait, la princesse émerveillée et charmée, lui eût fait un autre accueil et vous eût donné une autre réponse. Tout le mal vient de l'ignorant qui a surpris votre confiance. La réflexion du renard fut trouvée juste, et le peintre malencontreux fut étranglé.

Quand un grand éprouve une humiliation qu'il mérite, il s'en prend d'ordinaire à celui qui a fait le plus d'efforts pour la lui épargner.

FRÉDÉRIC LE MORDU.

Sommaire.

La femme du duc de Saxe, Hermina, avait été enfermée par lui dans une tour bâtie au milieu d'un lac. Au moment de s'échapper de sa prison, et quand déjà elle posait le pied sur l'échelle qui devait faciliter son évasion, elle remonta pour embrasser encore une fois son fils : l'enfant réveillé brusquement se prit à pleurer, et à ses cris accoururent les gardes de son père et bientôt son père lui-même, qui empêchèrent la fuite de la pauvre captive.

DÉVELOPPEMENT.

Pour que le malheur de la duchesse de Saxe intéresse, il faut qu'il soit immérité; il est donc à propos de représenter cette princesse comme douée de belles qualités et comme injustement persécutée.

Si elle est une victime, son mari est un bourreau; cela est logique.

De là, la nécessité des deux portraits, de celui du duc et de celui de sa femme; mais pourquoi le duc de Saxe est-il irrité contre celle-ci?

Elle était la fille d'un puissant empereur, quand il l'avait épousée; maintenant, elle est la fille d'un prince détrôné et proscrit, elle a reproché à son mari d'avoir abandonné la cause de son père.

Non-seulement elle n'a pas mérité son sort, mais ce sort est déplorable.

De là, la convenance qu'il y a à peindre les peines de l'isolement et de la captivité.

Quel sera le libérateur de la comtesse? Un des vieux serviteurs de son père auquel elle a été utile quand elle était encore enfant et qui a gardé le souvenir de ses bienfaits. La reconnaissance de ce vieillard le fera aimer du lecteur; et l'espoir de sa délivrance viendra à la captive d'une bonne action qu'elle a faite autrefois; par là aussi sera expliqué son projet de fuite, car elle ne peut se confier, pour l'exécuter, qu'à un homme dont le dévouement lui est connu, et dont l'âge rassure sa timidité de femme.

CORRIGÉ.

Assise avec son enfant, au sommet d'une tour où son mari la retenait captive, la duchesse de Saxe promenait autour d'elle ses regards désolés. La vue d'un groupe de villageois traversant joyeusement la plaine, la vue des oiseaux du ciel auxquels l'espace est ouvert, et des nuages même que le vent emporte vers d'autres climats, redoublaient sa mélancolie; car le spectacle de la liberté ajoute à la tristesse de ceux qui sont dans l'esclavage. C'était surtout vers les montagnes de la Souabe que se tournaient les yeux de la pauvre captive; là, avait été son berceau; là, elle avait folâtré sur l'herbe des prairies avec ses jeunes sœurs; là, elle avait reçu les caresses de ses tendres parents et les bénédictions des pauvres; et à ce souvenir des douces joies de son enfance, elle se prenait à pleurer.

Avait-elle méritée son malheur? Aucunement: fille d'un puissant empereur, elle avait eu pour dot une province, et les années, en développant sa beauté, l'avaient aussi parée de connaissances et de vertus nouvelles; avec le cœur d'une grande reine, elle avait les grâces naïves d'une bergère et la douceur d'un ange.

Malheureusement son père, poursuivi à toute outrance par l'implacable malignité de la fortune, avait perdu sa couronne; à cette nouvelle, elle avait conjuré son époux de venir en aide à celui qu'il devait regarder comme un second père; mais le duc, en qui l'ambition étouffait la pitié, s'était au contraire déclaré pour le vainqueur; la comtesse s'était indignée, et ses plaintes ayant paru criminelles à son époux qui en sentait la justice, il l'avait prise en haine, parce que l'on hait toujours ceux qu'on offense.

Dans la crainte que la vue de ses souffrances n'excitât trop d'indignation, ou qu'elle-même ne voulût s'y soustraire par la fuite, il la fit enfermer dans une tour isolée au milieu d'un lac, et publia qu'elle était partie pour un long pélerinage.

Quel que fût le malheur de la comtesse, elle le supportait sans murmure; elle était mère, un sourire de son petit Frédéric lui faisait tout oublier.

Mais un soir qu'elle cherchait à l'endormir par un chant plaintif et monotone, une des colombes qui avaient leur nid dans les créneaux de la tour, et qui, après avoir voyagé au dehors revenaient souvent sur la plate-forme où la comtesse se promenait elle-même, lui apporta un message d'un vieux et fidèle serviteur de sa maison auquel elle avait accordé jadis une bienveillante protection. Elle apprit que son père était mourant et la demandait sans cesse, que, de son côté, son époux avait résolu de la faire mourir elle-même pour avoir la liberté de contracter une autre union; enfin, en lui conseillant de fuir, on lui en indiquait les moyens.

Ces moyens étaient si périlleux que la comtesse ne voulut y recourir que pour elle-même; elle se détermina à fuir sans son fils.

Tout était prêt pour son évasion ; elle avait déjà donné le signal attendu par le batelier libérateur, elle était déjà à moitié descendue de la tour, quand, à la pensée de son enfant, elle sentit défaillir son courage, elle remonta pour embrasser encore son cher Frédéric. Dans l'agitation de son désespoir, elle donna aux témoignages de sa tendresse une vivacité inaccoutumée ; ses baisers eurent une ardeur passionnée et furent pour l'enfant une sorte de morsure qui le réveilla en sursaut, il se mit à pleurer, et à ses cris ses gardes réveillés accoururent.

La mère demeura captive ; de là est venu à son fils le nom de Frédéric le *Mordu*, sous lequel il est connu dans l'histoire.

LA DISTRIBUTION DES PRIX

AUX ÉLÈVES DES COLLÉGES DE PARIS ET DE VERSAILLES.

Sommaire.

Les divers incidents de cette solennité sont :
1° Des airs de musique;
2° L'entrée dans la salle des officiers de l'Université;
3° Celle du ministre grand-maître;
4° Le discours latin que prononce un des professeurs ;

5° L'allocution du ministre;

6° La proclamation des prix;

7° Les applaudissements donnés aux vainqueurs.

Le récit qu'on en doit faire pourrait à la rigueur se renfermer dans le cercle de ces indications et néanmoins être complet; mais on comprend combien, réduit à cette extrême simplicité, il serait privé de mouvement, de couleur et d'intérêt.

Comment parviendra-t-on à lui donner ce triple mérite? En mêlant aux spectateurs ordinaires de la fête quelques personnages qui aient un droit particulier aux sympathies du lecteur et pour qui la cérémonie soit un événement tout à fait grave; un événement qui soit de nature à changer leur destinée.

Le narrateur ne se bornera donc point à placer dans la salle de la distribution des prix des professeurs, des élèves, des parents et des curieux; il y placera d'autres personnes, par exemple, un vieillard à qui l'air de la *Marseillaise* rappellera les batailles de la révolution; ou un vieux soldat de l'empire qui n'entendra pas sans émotion l'air : *Veillons au salut de l'empire*. Il y placera des hommes qui, assistant pour la première fois à ce spectacle, devront en être plus émus. Enfin il cherchera à rattacher les diverses circonstances de la cérémonie à une fable quelconque ; il en composera une sorte de drame.

Le grand art de l'écrivain est d'établir le plus de rapports possibles entre les personnages mis en scène et le spectateur qui les y voit figurer : les hommes qui ont un intérêt quelconque dans l'action qui se passe sous leurs yeux, les témoins d'un drame qui se retrouvent eux-mêmes dans ce drame, avec leurs passions, en sont bien plus touchés que les hommes placés dans d'autres conditions.

Voilà pourquoi nous plaçons sur la scène universitaire

deux amis de collége qui nous plaisent par leur mutuelle affection et par un acte de bonté à l'égard d'un vieux soldat tombé dans la misère. Nous supposons qu'ils promettent à ce vétéran le fruit de leur victoire littéraire après s'être arrangés pour qu'il en fût le témoin.

Sans cela, la fête que nous décrivons n'est plus qu'une ennuyeuse solennité où l'on entend, sans le comprendre, un discours latin qui répète des lieux communs, un discours ministériel dont le contenu est deviné d'avance, la proclamation de noms inconnus qui n'excite qu'un faible intérêt, et le bruit d'applaudissements effrayants mêlés à des accords de musique qui ne le sont pas moins.

Sur ce cadre vulgaire, il y a donc nécessité de tracer quelque broderie qui le fasse paraître nouveau.

DÉVELOPPEMENT.

Entre Eugène d'Orainville et Flavien Merteuil s'était formée naguère, au collége de Versailles, une de ces amitiés du jeune âge qui sont l'un des meilleurs et des plus doux sentiments de la vie, en même temps qu'ils sont l'un des avantages les plus précieux de l'éducation publique.

Différents de caractère et d'humeur, ils se querellaient souvent, se boudaient parfois et s'aimaient toujours.

Sortis, l'un d'une chaumière, l'autre d'un château, ils avaient appris à se regarder comme égaux, en prenant part aux mêmes jeux, aux mêmes travaux, aux mêmes repas. La vie de collége n'admet que les supériorités réelles; en classe, c'est le talent qui donne la première place; dans la cour de récréation, c'est l'adresse ou la force qui assignent les rangs; et dans les salles d'étude, dans les relations d'élève à élève, ce sont les bonnes qualités du cœur qui seules obtiennent l'affection et les déférences.

Si Eugène et Flavien avaient tous deux les mêmes principes, en fait de morale comme en fait d'honneur, ils différaient profondément en fait d'opinion politique. Le gentilhomme Eugène était républicain passionné, Lycurgue était son homme, et le gouvernement de Sparte son rêve. Flavien était moins rigide, il aimait sans doute la république, comme cela est de rigueur quand on a quinze ans et qu'on est au collége, mais il l'aimait comme Solon l'avait constituée dans Athènes, c'est-à-dire comme laissant des chances à la monarchie de Pisistrate, ami d'Homère, ou au despotisme intelligent de Périclès, ami des beaux-arts. Du reste, il ne résultait de ces dissidences politiques que d'inoffensives discussions; l'Athénien n'en mangeait pas moins volontiers les confitures du Spartiate, et le Spartiate, de son côté, n'en était pas moins zélé à aider l'ami de Solon à faire des versions latines.

Leur fortune était en commun.

Tous les quinze jours, la mère de Flavien venait à pied du petit village de Bièvre lui apporter vingt sols, l'embrasser, le bénir et lui parler de son père; tous les mois, le père d'Eugène lui expédiait dix francs par un valet de chambre, qui rapportait à l'hôtel les nouvelles du collégien.

A ces deux branches de revenu fixe, nos deux amis ajoutaient les éventualités des étrennes, des fêtes et des hautes paies pour les bonnes places.

Suivant l'état de la caisse, on se permettait ou l'on s'interdisait les somptuosités d'un verre de bière à la promenade ou les délices d'une tasse de lait à la maison ; mais il y avait une dépense qui avait toujours lieu, c'était une subvention payée à un vieux grenadier de l'ancienne garde impériale.

Voici à quelle occasion ils avaient chargé leur budget de cette obligation : un jour que, dans une de leurs promenades, ils lisaient les *Messéniennes* de Casimir Delavigne, et qu'il leur échappait par intervalles de naïfs témoignages d'admiration pour les vieux soldats que chantait le poëte, un de ces mêmes soldats, qui, adossé à une des arcades de Marly, demandait aux passants l'obole de Bélisaire, les entendit, s'approcha d'eux, et leur demanda la permission d'écouter leur lecture. Les deux écoliers y consentirent, et touchés de la misère du vieillard s'ingénièrent en mille façons pour la soulager. Au nombre des moyens de consolation qu'ils employèrent, ils mirent quelques verres de vin, et, grâce à ce procédé, le pauvre homme, recouvrant sa gaieté et sa mémoire, raconta aux deux jouvenceaux la merveilleuse épopée de Napoléon : à l'entendre, il n'avait point quitté le grand homme; il était venu à Marengo lui rapporter les dernières paroles de Desaix mourant; comme factionnaire, il l'avait vu entrer dans la pyramide de Gizehz pour y présider un divan de prêtres musulmans; avec lui, à Saint-Cloud, au 18 brumaire, il avait fait déloger les *anciens* de leur caserne à paroles; il l'avait suivi à Boulogne, à Vienne, à Madrid; ils avaient ensemble visité le tombeau du grand Frédéric, en Prusse; causé avec l'empereur Alexandre sur le bateau du Niémen; logé au Kremlin, dans Moscou; et fait la route de l'île d'Elbe à Paris. L'empereur, disait-il, n'avait eu qu'un tort à son égard, c'était de ne l'avoir pas emmené à Sainte-Hélène.

Chaque jour de promenade, le conteur de batailles était à son poste, ses auditeurs venaient l'y joindre, et de part et d'autre la satisfaction était égale.

Sans doute, si les deux amis l'avaient pu, le soldat eût été à l'abri du besoin; mais, avec leur cœur, ils avaient à consulter leur bourse. Si j'ai un prix au concours, disait Eugène, papa me donnera cent francs; et moi, ajoutait Flavien, si j'ai le même succès, je serai pris gratuitement par un des maîtres de pension de Paris, et les libéralités de ma mère à mon égard en deviendront plus grandes.

Réussir au concours, voilà donc quelle était la question pour les deux amis. A dater de ce moment, Flavien et Eugène émerveillèrent leur classe par leur diligence. Tous deux furent admis à concourir, et la veille de la distribution, ils apprirent qu'ils y seraient nommés.

Leur jour de gloire était arrivé.

Avec leurs parents, auxquels ils avaient remis leurs billets d'entrée, ils trouvèrent encore moyen de faire arriver dans la salle leur cher protégé, à l'aide d'une ruse d'écoliers, dont l'excellent recteur, M. Rouselle, voulut bien ne pas s'apercevoir; le soldat se fit expliquer le but de la fête à laquelle il assistait, et les divers objets qu'il avait sous les yeux : on lui montra le camp de Charlemagne et celui de Louis le Grand, la petite armée philosophique de Stanislas, la phalange des mathématiciens de Saint-Louis, la légion de Henri IV, la vieille garde de Bourbon, et la petite réserve de Versailles.

Le vieux soldat qui, dans ses promenades militaires à travers l'Europe, avait vu bien des choses étranges, ne laissa pas d'être ébahi de celles qu'il avait devant les yeux, et tout habitué qu'il était à l'extraordinaire, il ne revenait pas de ce qu'il entendait à la Sorbonne; les figures universitaires surtout lui parurent surpasser toute imagination.

En ce moment entra le grand-maître.

Tout grave qu'était ce personnage, il était connu pour avoir sauté d'une opinion politique à une autre avec la prestesse d'un écureuil qui grimpe de branche en branche au sommet d'un hêtre; on savait sa biographie par cœur dans les colléges, et pour lui faire pièce, les écoliers (cet âge est sans pitié) imaginèrent de réveiller, par des allusions musicales, le souvenir de toutes les métamorphoses politiques de son Excellence ; en conséquence, remontant les âges, ils firent jouer successivement, la *Parisienne*, *Vive Henri IV*, *Veillons au salut de l'empire*. A chaque finale, c'était un hourra général de *Vive le ministre* ; mais quand arriva le tour de la *Marseillaise*, quand les premières notes du chant infernal tombèrent comme une étincelle patriotique sur l'inflammable auditoire, une voix immense, une voix terrible et pareille au bruit de la cataracte de Niagara, roula en grondant sous les voûtes de l'antique Sorbonne ; les gradins mugirent sourdement, les vitres frémissantes tremblèrent. Ém   u et décontenancé, le roi de l'Érèbe universitaire pâlit sur son trône, comme le Pluton d'Homère au bruit de Neptune en furie ; il crut ouïr de nouveau le lugubre retentissement du canon révolutionnaire des faubourgs. Le vieux soldat de Marengo, au contraire, en entendant mugir l'hymne républicain, bondit instinctivement sur son banc, et devenu rêveur, donna un souvenir et une larme au souvenir des anciens jours.

Le bruit calmé,

La séance s'ouvrit par la périodique sottise d'un discours latin, écouté seulement de quelques vieux conseillers qui voudraient faire croire qu'ils le comprennent.

Au Cicéron de l'Université succéda son ministre, qui loua l'orateur qui l'avait loué, les écoliers qui devaient l'applaudir, les professeurs qui, ce jour-là, sont un peu ses juges; le ministère dont il faisait partie, et le roi qui l'avait nommé ministre. Ces éloges sont de tradition; il est sans exemple qu'un ministre en ait omis un seul; il n'y a absolument que les journalistes qui, dans l'assemblée, ce jour-là, échappent aux éloges, et cela est bien rude pour les journalistes, dites-vous? Non, mais pour le ministre qui tremble à l'idée du compte-rendu du lendemain.

Le discours de Son Excellence avait été long; la satisfaction de le voir finir donna lieu à des manifestations où le ministre, qui avait l'esprit pénétrant et fin, reconnut le langage de l'enthousiasme excité par ses succès oratoires.

Le héraut universitaire s'avança sur le devant de l'estrade où étaient rangés les conseillers, tenant en main la liste des nominations et prêt à faire entendre les noms des triomphateurs.

Alors s'établit sur tous les gradins, et jusque dans les tribunes des dames, un profond et religieux silence. L'anxiété était sur tous les visages, l'attente était dans tous les cœurs.

Le nom fortuné fut enfin prononcé, et l'acclamation qui accueillit la proclamation du prix d'honneur de philosophie mugit comme la foudre dans l'immense édifice. Il en fut de même pour le nom de celui à qui la science mathématique décernait la première de ses couronnes. Mais quand on en vint au premier, au véritable prix d'honneur, quand on eut à féliciter celui qui remportait la palme de l'éloquence latine, le murmure d'acclamation redoubla encore d'énergie; ce qu'on n'aurait pas cru possible.

Les triomphes universitaires qui ont pour témoins les premières familles du royaume, les grands dignitaires de l'État, les chefs de l'Université, de la magistrature et du clergé, donnent l'idée de ce que pouvaient être les triomphes olympiques dans les beaux jours de l'ancienne Grèce. Ils donnent l'idée des enivrements de la gloire.

Dans la distribution des prix faite à la Sorbonne, il n'y a pas seulement des craintes et des espérances individuelles, il y a des ambitions collectives; il y a rivalité de colléges comme il y a rivalité d'élèves; on ressent les joies fraternelles d'une victoire commune, comme on goûte la satisfaction intérieure d'un succès particulier.

Il y a aussi des mécomptes inattendus, comme il y a de douces surprises : la victoire qui plane sur la docte enceinte vole de rang en rang sans se fixer nulle part. C'est l'image d'un champ de bataille; aussi le protégé de nos deux amis, le père Pompier, fut-il vivement impressionné par les divers incidents de la lutte à laquelle il assistait et que lui faisait parfaitement comprendre son instinct de vieux soldat.

Enfin arriva pour ses deux amis le moment décisif ; on peut juger de leur inquiétude ; ils n'avaient plus ni voix, ni mouvement, ni souffle.

Le nom de Flavien s'échappe des lèvres du héraut ; d'universels bravos, des bravos à faire écrouler la salle saluent le premier prix de thème et retentissent doucement dans le cœur de la mère du lauréat, à qui la joie fait perdre connaissance ; le prix de version grecque fut pour Eugène, et n'excita pas moins d'enthousiasme dans le camp des Versaillais, pour qui une telle victoire avait un double mérite, car elle vengeait le passé et inaugurait l'avenir.

Le père d'Eugène fut radieux et son front s'illumina d'un rayon de la gloire filiale ; le trouble de ses idées fut même si grand, qu'il invita à dîner le vieux protégé de son fils, tout simple soldat qu'il était.

Il y eut d'autres succès pour Flavien et pour Eugène, et on remarqua que trois fois les noms des deux amis se suivirent sur la liste des élèves couronnés ; un doux caprice de la fortune réunissant dans cette circonstance ceux que réunissait déjà l'amitié.

Pas n'est besoin de dire que Flavien, avant même d'être sorti de la cour de la Sorbonne, fut recruté pour le bataillon de la rue des Minimes, qu'Eugène reçut de son père trois fois plus d'or qu'il n'en attendait, et que le père Pompier, grâce à l'appui que lui prêtèrent en commun l'ami de Lycurgue et l'ami de Solon, obtint une place aux Invalides, où plus d'une fois ils allèrent le visiter et écouter ses belliqueuses narrations.

LE MAITRE D'ÉTUDES.

Sommaire.

Un certain maître d'études est d'abord en butte aux taquineries de ses élèves, qui se vengent sur lui de leur propre malheur. D'ailleurs ce maître d'études étant timide, mal vêtu, ils le trouvent ridicule, et comme il veut les faire travailler, ils décident souverainement qu'il est digne de tous maux. De là pour le pauvre diable une série non interrompue d'outrages et de souffrances; mais, pendant une de ces promenades dont il a la surveillance et dont ses joyeux élèves lui font un supplice, l'un d'eux, qui s'est mis en péril par une désobéissance, crie : à l'aide! Son maître d'études réussit à le sauver; huit jours après, ce service était oublié de celui qui l'avait reçu, de celui qui l'avait rendu et de ceux qui l'avaient admiré.

DÉVELOPPEMENT.

Pour les espiègles habitants des colléges, aucun sujet, sans exception, n'est plus facile à traiter que celui-là. Il n'est guère, en effet, que le tableau de ce qu'ils ont sous les yeux, que le récit des souffrances qu'ils font endurer à leurs maîtres, que l'énumération des ruses qu'ils emploient pour le tromper.

Pour avoir une idée de la sublime patience dont leur victime a besoin de s'armer pour leur résister, il faut qu'en imagination ils se mettent à sa place, et qu'ils se demandent si, eux, résisteraient à de pareilles tortures.

C'est seulement à l'aide de cette supposition, du reste facile à faire, qu'ils trouveront les idées dont ils ont besoin.

Au tableau des *méchancetés* de la gent écolière et des *souffrances* du malheureux qui la surveille, il faudra ajouter celui *du péril* où s'est engagé un étourdi plus espiègle, plus indocile encore que les autres.

Plus le péril sera imminent, plus il fera ressortir le courage du libérateur.

Comme, au fond, les écoliers ne sont pas méchants, tout en faisant beaucoup de méchancetés, ils se montreront touchés du dévouement de leur maître; mais, comme ils sont légers, ils oublieront bien vite ce dévouement.

CORRIGÉ.

L'enfance est sans pitié, a dit La Fontaine, et parmi les enfants, les plus cruels sont les écoliers, qui se cotisent volontiers pour une méchanceté commune, et chez qui d'ailleurs la malice naturelle est rendue plus ingénieuse par l'instruction qu'ils reçoivent et par le grand nombre de mauvais exemples qu'ils ont sous les yeux.

Aussi n'est-il pas au monde un être plus profondément malheureux que le maître d'études d'un collége que ses élèves fatiguent, tourmentent et désolent de mille manières, et qui est au milieu d'eux l'ennemi commun. Assiégé de regards hostiles, entouré de piéges invisibles, en butte à mille attaques inattendues et obligé de se tenir sur un qui-vive continuel; ni le repos ne lui est possible, ni les distractions ne lui sont permises; il n'a à attendre de son entourage ni trève, ni merci, ni pitié; c'est à plaisir et sans cesse qu'ils mettent sa patience et sa science à l'épreuve; c'est avec joie qu'ils tuent son sommeil; c'est avec bonheur qu'ils le voient irrité, exaspéré, furieux, hors de lui. Pourquoi? Ils n'en savent rien, et quand on les interroge à ce sujet, ils s'imaginent donner une explication suffisante de leur conduite en répondant : C'est un maître d'études.

Le maître d'études n'a d'ailleurs aucune reconnaissance à attendre des parents, aucune considération de ses chefs, aucune gloire de ses succès; les proviseurs, censeurs et professeurs attirent seuls les regards des familles et de l'Université. Il n'est question de lui que quand il y a des émeutes dans le collége; de tout temps, il a eu la responsabilité des révolutions universitaires.

Un de ces malheureux venait d'arriver au lycée de Reims, c'était le nom que l'empire avait donné à ses colléges; on était au mois de janvier et le froid était excessif. Le proviseur présenta le nouveau venu aux élèves de la classe de cinquième qui allaient lui être confiés. Ceux-ci apprirent avec une entière indifférence que M. Gérondif, leur futur surveillant, savait le grec comme M. Patin, qu'il faisait les vers latins comme M. Lemaire, qu'il écrivait le latin comme M. Berger; mais ils remarquèrent avec une vive satisfaction que son pantalon d'hiver était en nankin, que son gilet, qui, d'ailleurs était trop court de trois doigts, manquait de boutons, et que son habit, coupé en queue de morue, avait des hiatus. Le pauvre Gérondif avait d'ailleurs un air triste et piteux. Il avait la conscience de sa misère et de l'air ridicule qu'elle lui donnait. Enfin il était souffrant; une toux sèche éteignait sa voix, et l'obligeait à couper beaucoup de ses phrases par des interruptions très-douloureuses pour lui, mais qui parurent à ses auditeurs d'un effet très-comique. L'infortuné comprenait du reste toutes les allusions qui, du matin au soir, et souvent avec beaucoup d'esprit, étaient faites à son malheur; mais une indomptable nécessité pesait sur lui et le rendait en apparence insensible aux sarcasmes de ses petits bourreaux. Ceux-ci avaient juré de le pousser à bout, et chaque heure du jour les trouvait fidèles à leurs menaces : leur victime ne se démentit point. Seulement, un cri de douleur et une larme lui échappèrent un soir, à la vue du triangle parfaitement régulier qu'une lame de canif avait tracé au beau milieu du dos de sonu nique habit. Pour cicatriser la cruelle blessure, il fallut au malheureux Gérondif le travail de toute la nuit, et cette espèce de patience que Buffon appelle du génie. Trois mois après, sa garde-robe était, il est vrai, en meilleur état, mais le souvenir de son pantalon de nankin était gardé avec une fidélité inexorable; on en rit encore aujourd'hui dans le quartier Saint-Patrice.

Un jour d'été qu'il avait conduit ses élèves à Cormontreuil pour se baigner dans la petite rivière qui traverse ce village, un des garnements confiés à ses soins, celui-là même dont il corrigeait la version grecque, quand il avait eu son habit lacéré, franchit la limite indiquée par des palissades et quitta (uniquement pour le plaisir de faire une chose défendue) un fond sablonneux, uni et doux, pour une vase bourbeuse, profonde et embarrassée d'herbes, qui avait pour seul attrait d'être interdite; au bout de quelques minutes, il se sentit enlacé comme dans un filet, il poussa un cri de douleur qui se perdit pour tout le monde au milieu des clameurs de ses camarades, mais qui heureusement retentit aux oreilles attentives et au cœur paternel de Gérondif. L'excellent homme, sauta aussitôt à la palissade pour la franchir, mais il échoua d'abord dans la terrible tâche, il lui fallut un quart d'heure d'efforts courageux, invincibles, désespérés, pour arriver à son but et pour arracher à la mort l'indocile nageur, mais, enfin, qu'il ramena mourant sur le rivage où lui-même tomba évanoui. Le mauvais garnement revint aisément à lui; mais il n'en fut pas de même de son sauveur, qui ne donna bientôt plus signe de vie; glacé, immobile, livide, il ne paraissait plus être qu'un cadavre. Les écoliers, en attendant l'arrivée du médecin de Cormontreuil, M. Petit, formaient un cercle autour de lui et rendaient à sa mémoire la tardive justice qu'ils avaient refusée à sa personne : y avait-il un plus excellent homme, disait l'un? Combien de fois ne m'a-t-il pas aidé à faire mes vers latins, disait un autre; comme il savait le grec, ajoutait un troisième. Pendant cette oraison funèbre, le malheureux Gérondif ouvrit les yeux. Son retour au collége fut un triomphe, on composa sur son dévouement une pièce de vers latins, que lut le proviseur à la commission administrative, qui fit du bruit dans les sacristies, et qu'un inspecteur général fut même chargé de mettre sous les yeux de son excellence monseigneur le grand-maître de l'Université, ministre de l'instruction publique, grand'croix de la Légion-d'Honneur, membre de la chambre des députés. Cet illustre personnage, qui aimait à encourager les lettres, chargea son secrétaire de lui traduire sa missive remoise, et fit écrire à son auteur une lettre de félicitations, qu'il daigna signer.

L'ONCLE D'AMÉRIQUE.

Sommaire.

Un colon de la Martinique, revenu en France avec une grande fortune, examine à qui il devra la laisser ; il fait en conséquence une visite à chacun des parents qui lui restent, afin de juger de leurs moyens d'existence et des titres qu'ils peuvent avoir à sa bienveillance.

De là, une succession de petites scènes où les travers de l'époque actuelle et les défauts communs à tous les âges peuvent être esquissés.

Le colon finit par trouver une parente qui est tout à la fois malheureuse et bonne.

DÉVELOPPEMENT.

Il n'y a point à se préoccuper des causes de la fortune du colon ; le récit doit commencer au moment seulement où ce colon se met en quête d'un héritier.

Il ne doit pas rencontrer d'abord quelqu'un qui

soit digne de ses bontés, car alors il n'y aurait ni variété dans les incidents, ni moyen de piquer une curiosité qui serait sur-le-champ satisfaite ; il faut que le parent honnête et bon qui est cherché ne se trouve qu'à la fin du récit demandé.

Dans la famille du colon il existe un philanthrope ; il est naturel que la première visite soit pour celui-là ; mais il est naturel aussi que celui qui se pose en homme bienfaisant ne le soit pas en réalité, et qu'il refuse à un parent pauvre une pitié qu'il prétend avoir pour les forçats, pour les tartares et pour les nègres.

De chez ce philanthrope, qui prétend être l'ami de tous les hommes, nous passerons chez un mauvais riche, chez un viveur, un égoïste, un gourmand, qui n'a souci que de son bien-être particulier ; de là, un contraste ; mais, comme il y a dans ces deux personnages le même fonds d'insensibilité, l'homme sensuel refusera, comme le prétendu philosophe, de faire le bien qu'on lui demande.

Une femme est d'ordinaire douce et compatissante ; le colon a une cousine qui est riche et prodigue, il va lui demander une faible part de son superflu ; mais sa cousine, qui est veuve et qui par conséquent dispose de sa fortune, emploie cette fortune tout entière à satisfaire son goût pour le luxe : elle ne peut rien donner pour le moment.

Un banquier qui gagne l'argent avec tant de facilité doit le donner de même : cette réflexion amène le colon dans une quatrième maison, où il est plus mal reçu encore que dans les autres.

Il trouve enfin dans un hameau une pauvre veuve, sa parente, à un degré éloigné, qui lui paraît mériter ses bienfaits et à laquelle il donne en effet tout ce qu'il possède.

Comme il faut de la variété dans les incidents et de la vérité dans les caractères, les quatre personnages que nous mettons en scène ne devront pas ressentir à la vue de leur parent malheureux la même impression : le philanthrope le trouvera grossier dans son langage, le gourmand lui trouvera piteuse mine, la jeune femme sera choquée de sa mauvaise tenue, et le banquier lui trouvera un air benêt qui explique suivant lui ses infortunes.

Les quatre parents ne seront pas non plus insensibles au même degré ; ils ne formuleront pas leurs refus de la même manière et dans les mêmes termes. Il y a des nuances qu'il faut saisir et que le style doit indiquer par la variété de ses formes.

Où le colon devra-t-il trouver ce qu'il cherche ? Là où se trouve ordinairement l'honnêteté, loin du monde, au fond d'une retraite où une mère et sa fille vivent de leur travail et que le souvenir de leurs malheurs rend compatissantes.

On peut supposer que le colon ne juge pas ses parents sur la foi des apparences, qu'il attend, qu'il s'informe, et qu'il ne se décide qu'en pleine connaissance de cause.

Enfin on peut admettre qu'il se procure l'innocent plaisir de causer une surprise à la jeune fille de sa parente, et qu'il lui donne en quelque sorte le spectacle de sa richesse, pour mieux lui faire sentir le bonheur d'être riche.

CORRIGÉ.

Le nombre des oncles d'Amérique diminue de jour en jour, ces hommes excellents ne se montrent plus qu'à de longs intervalles, c'est une race qui s'éteint, et j'y ai quelque regret, car, aux poëtes comiques, ils apportaient un dénouement; aux romanciers, la dot de leur héroïne, et à de pauvres neveux, la quittance de leurs créanciers; puis, au mérite de ces bonnes œuvres, ils joignaient celui d'une joyeuse humeur et d'un style qui n'était qu'à eux.

Tel était M. Monderville, qui, arrivé depuis quelques jours à Paris, se dit à lui-même : Je suis riche, c'est vrai, mais je m'ennuie, l'isolement me pèse, et je voudrais trouver parmi les parents qui me restent quelqu'un dont ma fortune fît le bonheur, et dont l'amitié fît le mien.

Cherchons :

Voyons d'abord mon cousin Harponnet, on m'en a dit du bien; il n'est bruit dans les deux hémisphères que de sa philanthropie; un homme comme lui, qui étend sa charité jusqu'aux nègres, qui est l'ange des prisons et la providence des forçats, doit à plus forte raison aimer sa famille. Ce monologue achevé, notre homme se met en route.

Je suis votre parent, dit à l'ami des hommes le colon devenu, grâce à un habile déguisement, un malheureux naufragé.

— Tous les hommes sont frères, répondit avec componction l'ami des nègres.

— Mais plus qu'un autre je suis à plaindre.

— L'êtes-vous plus qu'un habitant du bagne? Le vice n'est-il pas le plus grand des malheurs?

— Qui aura pitié de moi, si l'homme le plus bienfaisant de notre époque me refuse son aumône?

— C'est précisément parce que j'ai beaucoup donné que j'en suis réduit à la cruelle nécessité de vous refuser aujourd'hui. Adieu, mon ami, Dieu est bon, et l'hôpital est ouvert jusqu'à huit heures du soir.

Installé dans un large fauteuil, oublieux des intérêts vulgaires et occupé de la seule chose qui dans ce monde lui parût sérieuse, Mondor avait fait trêve à tout calcul, à toute pensée, à toute parole :

Il dînait.

Il était même au moment le plus délicieux de son dîner ; car, avec le sentiment de bien-être que lui avait donné le premier service, il avait encore la satisfaction d'attendre le second qui lui restait en perspective : on ne pouvait donc l'aborder à une heure plus propice et avec plus de chances de lui trouver le cœur tendre.

Un pauvre diable de matelot, lui dit obséquieusement son valet de chambre, à qui l'idée d'interrompre ainsi son maître dans la plus douce de ses occupations causait un peu d'effroi, demande à donner à Monsieur des nouvelles d'un de ses parents d'Amérique.

— Merci.

— Il dit qu'il a faim.

— Il est bien heureux !

— Monsieur lui permet-il d'entrer ?

— A la cuisine.

Ne nous décourageons pas, dit le matelot en s'affublant de la livrée de la misère et en se dirigeant vers le riche hôtel d'une de ses cousines, jeune veuve de vingt-cinq ans, dont le deuil avait duré une année, et la douleur beaucoup moins.

Une femme de chambre qui vint à lui, à la voix du concierge, jeta un rapide coup d'œil sur sa toilette, et quand elle sut par là à quoi s'en tenir sur son compte, elle lui permit de pénétrer seulement jusqu'à l'antichambre.

— Madame, vint-elle dire à sa maîtresse, dame de charité de l'église de la Madeleine, et qui essayait devant sa glace sa parure de quêteuse, il y a dans votre antichambre un vieillard qui prétend être parent de Madame et qui m'a prié de remettre cette lettre à Madame.

La soubrette, qui avait du tact, ne dit rien du jugement particulier qu'elle avait porté du vieillard d'après sa mise compromettante; le titre de parent de sa maîtresse qu'il s'était donné tenait sa langue en respect. Mais quand elle lut sur la figure de celle-ci le dédain et sa contrariété, elle ajouta au message dont le vieillard l'avait chargée, quelques paroles charitables de la nature de celle-ci :

— C'est quelque aigre-fin qui veut abuser de la bonté de Madame, où quelque filou qui vient tout observer chez Madame pour y faire plus tard un mauvais coup.

— Les renseignements qu'il me donne, reprit la veuve, les noms qu'il me cite, les détails dans lesquels il entre, me feraient assez croire que cet homme est un parent de mon mari.

— Il paraît être, en effet, un homme très comme il faut, reprit la soubrette, éclairée tout à coup sur l'erreur de son premier jugement.

— Mon mari m'a deux ou trois fois parlé d'un oncle à lui qui s'était ruiné en France et qui avait été chercher fortune aux Indes. Ce sera quelque aventurier.

Ces mots furent un trait de lumière qui firent revenir la soubrette à sa première idée. Et aussitôt elle traça de la tournure et de la mise de l'inconnu un tableau qui rendit la parenté du pauvre diable avec sa maîtresse tout à fait invraisemblable.

— Marie, dit la jeune veuve, donnez-lui ce louis pour qu'il se fasse habiller... Puis... ah! vous irez ensuite chez Alexandrine et vous lui direz que décidément je prendrai ses délicieux petits bonnets à la paysanne; six cents francs, au fait, c'est pour rien.

— Comme le dit Madame, c'est vraiment pour rien, répondit Mlle Marie, qui avait ses raisons pour trouver que les prix de Mlle Alexandrine n'avaient rien d'exagéré.

En sortant de chez sa belle parente, notre colon se rendit trois fois, à des heures différentes, mais toujours inutilement, à la demeure du dernier parent qu'il se connût dans la ville.

Ce parent était un pauvre musicien nommé Vacarmi, et qui était attaché comme serpent à la musique de Saint-Eustache. Le colon fatigué, mais non rebuté, se proposait de revenir le lendemain, quand il fut avisé par la portière d'une maison voisine de celle de Vacarmi, digne portière de Paris, qui naturellement connaissait les affaires de son quartier. Il apprit de cette bonne femme que le musicien ne rentrait guère chez lui que pour dormir, et que son domicile habituel était chez M. Mélange, marchand de vin au coin de la rue du Jour et de la rue Montmartre.

M. Monderville s'achemina vers le laboratoire de M. Mélange, dans l'espoir d'y trouver son parent.

Ce dernier était au fond un assez brave homme, mais qui avait eu deux malheurs, il avait perdu une bonne place et une bonne femme. Dans sa double infortune, c'est au vin qu'il avait demandé d'adoucir l'amertume de ses regrets; mais, avec le temps, il avait tellement pris goût à ce genre de consolation, qu'il était évident que sa douleur durerait autant que sa vie, et qu'il ne voudrait jamais être consolé.

Comme il avait le vin causeur, il apprit au colon qu'ils avaient à Ville-d'Avray une commune parente retirée dans ce village avec sa fille.

Cette parente reçut Monderville avec politesse, mais avec froideur; le malheur rend défiant, et Mme Mercier avait beaucoup souffert. Mais à mesure que le colon entrait dans le détail de ses propres souffrances; à mesure, en un mot, qu'il faisait mieux pressentir une demande de secours qui eût glacé le visage des gens ordinaires, il vit sa cousine et sa fille Cécilia lui témoigner plus d'intérêt. On alla au-devant de ses besoins pour lui épargner la pudeur de les exposer lui-même. En lui voyant vanter le petit jardin qu'il avait sous les yeux, on l'invita à le parcourir, et quand il parla de partir, on lui dit que le dîner était servi, que son couvert était mis et que sa chambre était prête. D'ailleurs, on avait à lui demander des renseignements sur la famille, auxquels on attachait beaucoup de prix ; on lui ferait de la musique, on serait heureuse de l'ouïr raconter ses voyages et parler des beaux-arts qu'il semblait aimer. Il resta deux jours, et tout ce qu'il vit et entendit pendant ce temps, le confirma dans l'opinion que son but était atteint.

Huit jours après le départ de leur cousin, Mlle Cécilia accourait dire à sa mère qu'une belle calèche, attelée de deux magnifiques chevaux gris-pommelé, avec un cocher et des laquais richement galonnés, venaient de s'arrêter devant leur maison, et en même temps elle lui remettait une lettre que l'un des laquais lui avait présentée :

« Votre présence ici, pour quelques moments,
« écrivait le colon à ses deux parentes, me serait
« bien utile : pour que vous puissiez arriver plus
« vite, je vous envoie l'équipage d'un de mes
« amis. »

Quelques minutes après, cet équipage amenait les deux dames dans un hôtel du faubourg Saint-Honoré, précédé d'un cours de gazon entouré de tilleuls, et derrière lequel s'étendait jusqu'aux Champs-Élysées un délicieux jardin anglais. Les deux voyageuses apprirent en entrant dans le salon que leur parent ne tarderait pas à revenir avec son ami, et qu'il les priait, en attendant, de parcourir ses appartements.

Elles y trouvèrent quelques uns des tableaux dont

il avait vu les gravures chez elles, des meubles admirables de richesse et d'élégance, les plus belles tentures et à profusion, ces délicieuses futilités qui ravissent les femmes les plus raisonnables. Cécilia regardait tout avec une naïve admiration, sa mère avec un vague regret de son opulence passée. A la vue d'une petite chambre que la main des fées semblait avoir décorée, Cécilia jeta un cri de surprise et dit : « Comme elle ressemble à ma chambre de Ville-d'Avray. » Dans une des parties du parc elle retrouva également une fidèle image de son petit jardin; la disposition des allées, le choix des fleurs, tout était pareil. Il est inutile d'ajouter que l'oncle d'Amérique ne tarda pas à venir expliquer à Mlle Cécilia ce qu'elle ne comprenait pas, et cela, à sa grande et vive satisfaction.

LES ÉTOURDIS.

Sommaire.

Deux élèves en droit dont la bourse est à sec délibèrent sur les embarras de leur fâcheuse situation et sur les moyens d'en sortir. Une illumination soudaine fait dire à l'un des deux : Nous sommes sauvés : j'écris à ton digne oncle que tu es mort, il m'envoie mille écus pour te faire enterrer convenablement, et avec ces mille écus nous vivons dans la joie. Je sais bien que bientôt la ruse sera découverte ; mais en apprenant que son cher neveu, qu'il a pleuré, n'est par mort, M. Grégoire sera si heureux qu'il nous pardonnera : la joie rend indulgent.

Il y a dans ce fait, tiré de la comédie des *Étourdis* d'Andrieux, un sujet de narration qui ne doit emprunter à la comédie que l'idée principale.

DÉVELOPPEMENT.

Pour que les deux jeunes gens mis en scène aient droit à l'intérêt du lecteur, il est essentiel de leur attribuer une étourderie qui jette un voile sur leur faute, et un grand fonds d'attachement pour leurs parents dont ils doivent obtenir le pardon à la fin du récit.

La détresse où ils se trouvent doit être également expliquée par la générosité qui les a portés à secourir des amis qui en ont abusé.

L'idée du stratagème ne doit pas venir au neveu lui-même, mais à son ami, chez lequel elle sera plus pardonnable.

Comme le récit qui est à faire comporte une série d'objections et de reparties, il sera bon de le mettre en dialogue. Cette forme de langage le rendra plus animé et plus rapide, et répondra d'ailleurs au besoin que nous éprouvons de varier nos exercices.

Quant à l'apparition subite de l'oncle Grégoire au milieu de nos étourdis, il faudra qu'elle soit inattendue pour former une péripétie; mais il faudra aussi qu'elle soit préparée pour être vraisemblable.

Enfin, on comprend que si l'oncle s'apaise, ce ne doit être que par degrés et à mesure qu'on lui en fournit des motifs plausibles.

On devra avoir disposé d'avance le lecteur à le croire indulgent par le bien qu'on aura dit de lui.

Enfin, comme il faut que dans une narration tout soit lié, suivi, expliqué, toutes les parties de l'ensemble devront être rendues harmonieuses par le rapport qui les unit.

CORRIGÉ.

Oui, mon cher, dit un soir Adolphe Forgy à son ami Alfred Nermont, le vent de l'adversité a renversé tous nos châteaux en Espagne; aucun des moyens tentés par nous pour avoir de l'argent n'a réussi, et nos créanciers au contraire se font payer avec une déplorable exactitude, si bien que ma bourse, à moi, est complétement vide.

ALFRED.

La mienne est tout à fait à sec.

ADOLPHE.

La voie des emprunts nous est fermée.

ALFRED.

Nos doléances à nos familles sont devenues improductives.

ADOLPHE.

Ma bibliothèque est vendue.

ALFRED.

Ma garde-robe est en gage.

ADOLPHE.

Nous sommes perdus !

ALFRED.

Que faire ?

ADOLPHE.

Mourir.

ALFRED.

C'est bien le moment de plaisanter !

ADOLPHE.

Mourir est le seul moyen de vivre qui nous reste.

ALFRED.

Au lieu d'extravaguer, songe à nous tirer d'embarras.

ADOLPHE.

Je n'extravague nullement, et le moyen de nous tirer d'embarras que j'ai imaginé est excellent, c'est comme je l'ai dit, la mort de l'un de nous deux ; et comme c'est de la tienne, je crois, que nous pourrons tirer meilleur parti, c'est toi que j'enferme dans la tombe, c'est toi que je donne à pleurer à ton oncle Grégoire ; déjà est écrite l'épître funèbre par laquelle je lui annonce que tu es parti pour un meilleur monde.

ALFRED.

Mais tu vas le plonger dans la désolation!

ADOLPHE.

Je lui ai donc mandé que tu étais au nombre des trépassés, que j'avais pourvu aux frais de ta sépulture, que ton enterrement avait eu lieu à Saint-Sulpice, que tu reposais paisiblement au cimetière Mont-Parnasse; aucune de ces circonstances dans le récit que j'ai fait du triste événement ne pouvait être négligée, aucune n'est rappelée sans intention, car chacune d'elles, tout naturellement, éveillera l'idée d'une dépense faite par moi, provoquera un remboursement et nous vaudra une nouvelle somme; j'estime que le total de mes déboursés imaginaires sera jugé par M. Grégoire comme devant monter à mille écus; on n'est pas sans savoir à Joigny, où il habite, qu'il fait cher à mourir à Paris.

ALFRED.

Je suis sûr qu'il est maintenant dans les larmes.

ADOLPHE.

Il pleure, donc il paiera; dans sa douleur, il ne songera point à contrôler des dépenses faites pour enterrer convenablement un neveu estimable et bien aimé.

ALFRED.

Je ne puis supporter l'idée de le rendre ainsi malheureux durant plusieurs jours.

ADOLPHE.

Il passe tout ce temps à faire ton éloge ; ta mort lui fait oublier tes fredaines et rétablit ta réputation; depuis ton trépas tu as gagné cinquante pour cent dans son esprit ; les gens qui sont allés dans l'autre monde sont toujours jugés favorablement par ceux qui restent dans celui-ci. Entre dans un cimetière, arrête-toi devant tous les mausolées, tu ne verras dans les épitaphes que des louanges pour les défunts; sous la pierre des tombeaux, il n'y a pas une femme qui n'ait été un ange, pas un mari qui n'ait été un mari idéal, pas un fils qui n'ait été le type de la piété filiale ; aussi me semble-t-il entendre d'ici la touchante oraison funèbre que te composent tes bons parents. Il avait si bon cœur ! dit ta tante ; il avait tant d'esprit, répond ta cousine ; j'ai été peut-être trop sévère pour lui, pense en lui-même ton oncle Grégoire : moi-même, je les ai préparés à ces sentiments en faisant l'énumération des grandes qualités que je t'avais reconnues et des immenses travaux auxquels tu te livrais malgré mes remontrances ; je t'ai fait mourir d'un excès de fatigues (car dans un récit il faut de la vraisemblance). Dès six heures du matin, tu étais, disais-je, chez l'avoué, et tu y restais jusqu'à huit heures, de là à l'école jusqu'à midi, puis de nouveau chez l'avoué jusqu'à cinq heures, puis le soir à la bibliothèque. Enfin tu avais succombé, un coup de sang t'avait emporté et enlevé aux espérances de la patrie éplorée. La prévision d'Adolphe s'accomplit.

Il reçut de M. Grégoire la traite qu'il attendait, elle était à vue, il courut la toucher; et quand nos étourdis se virent en fonds, ils se crurent en droit de se dédommager des longues privations que la nécessité leur avait imposées; ils commandèrent un dîner chez le Véfour du pays latin, y invitèrent une douzaine de leurs plus joyeux camarades. Dès le premier service, l'expédient auquel ils avaient eu recours pour donner un supplément à leur budget fut narré dans tous ses détails pour l'instruction des assistants; on but à la santé de l'oncle modèle, et son nom retentit dans toute la salle du festin. Mais, tout à coup, la porte s'ouvre et montre à MM. Alfred et Adolphe ébahis le courroucé M. Grégoire, qui, d'après les indications de l'hôtesse de son neveu, avait découvert le lieu de sa retraite. Tous les convives devinèrent quel était le nouveau venu, leurs yeux se baissèrent et leurs verres non vidés se replacèrent silencieusement sur la table: pendant quelques minutes la terreur plana sur toute l'assemblée.

Bien! mon neveu, s'écria d'une voix tonnante, l'oncle Grégoire, bien, très-bien!

On eût entendu dans la salle, naguère si bruyante, le vol d'une mouche.

Adolphe comprit qu'il devait loyalement détourner sur lui l'orage qui menaçait son ami Alfred.

— Monsieur, dit-il au terrible Bourguignon,

d'une voix contrite et humiliée, c'est moi, c'est moi seul qui suis coupable; votre neveu n'a rien approuvé, n'a rien su d'avance de mon impardonnable stratagème: c'est moi qu'il faut accabler.

M. Grégoire fronça le sourcil.

Adolphe reprit le cours de sa harangue :

—Il l'a désavoué par une lettre qui est partie ce matin pour Joigny, et dans laquelle il vous demande pardon de ce qui s'est passé; sa plus grande douleur a été la pensée du chagrin qu'il a pu causer à un oncle si bon, si indulgent, si généreux, et qu'il avait promis, disait-il, de mieux récompenser.

Ici, une larme tout à fait opportune tomba des yeux du désolé Alfred.

Vous ne l'ignorez pas, Monsieur, vous qui avez fait ici vos études (avec un brillant succès, nous le savons), la vie des pauvres élèves en droit est remplie, à Paris, de tribulations, et, aujourd'hui plus que jamais, les temps sont durs pour eux. Les avoués qui les emploient ne les paient point, les tailleurs leur imposent des prix fabuleux; les bottiers ne leur vendent plus que des apparences de chaussures; et vu le nombre des salutations qu'on est obligé de faire à Paris, ils usent leurs chapeaux en moins de rien. Ce sont ces petites misères de la vie d'étudiant qui ont détruit l'équilibre de notre budget. D'un autre côté, nous ne voulions pas faire de dettes; voilà pourquoi une invincible nécessité, cette puissance, vous dit votre Homère (vous ne l'avez pas oublié, vous qui avez eu un prix de grec), cette puissance, qui dompte les hommes et les dieux, a pesé sur nous, elle nous a envoyé une mauvaise pensée. En vous voyant, en remarquant la bonté qui est peinte sur votre visage, nous comprenons mieux combien cette pensée a été coupable, et toutefois nous osons en espérer le pardon : les grands cœurs, vous a dit votre Sophocle, savent tout ce qu'il y a de gloire à être bon ; or, nous vous croyons généreux, dites-nous si nous nous sommes trompés ?

Le vieillard ne put s'empêcher de sourire aux fréquentes allusions que faisait l'orateur à son érudition d'helléniste ; un des convives qui s'en aperçut, saisit ce moment pour avancer derrière lui un officieux fauteuil.

— Un homme d'esprit comme vous, reprit encore Adolphe, ne peut pas punir comme un homme vulgaire ; il a une manière à lui de faire sentir une faute, il comprend que le pardon inspire bien plus de repentir que la colère ; s'il humilie, c'est, comme le faisait un grand prince, par la clémence.

Ici, une nouvelle pause, à la faveur de laquelle un valet intelligent glissa un couvert devant l'ancien lauréat du concours.

— A l'âge où vous êtes encore, continua le futur avocat, on ne peut pas avoir déjà la rigidité d'un vieillard, on est encore trop près de l'âge des folies pour être sans pitié pour elles. Vous ne serez donc pas venu de si loin pour nous apporter à tous la désolation, quand d'un mot vous pouvez la changer en joie.

M. Grégoire ne savait trop quel parti prendre, quand son neveu, qui s'était furtivement glissé à son côté, lui sauta au cou et l'embrassa en pleurant. En se débattant, l'oncle tomba dans le fauteuil qui l'attendait; un bravo universel accueillit ce mouvement comme s'il eût été le témoignage d'un pardon qui n'avait pas encore été prononcé, mais que le digne M. Grégoire avait déjà accordé au fond de son cœur. Ce qui nous fait hasarder cette conjecture, c'est qu'à peine le prix de grec se fut-il assis, qu'on apporta des bouteilles que personne n'avait demandées, et qui parurent avoir une mission essentiellement pacifique.

LA PROMENADE INSTRUCTIVE.

Sommaire.

Il ne s'agit point de donner à cette promenade un but moral ou religieux : nous ne voulons point qu'il en résulte pour l'élève une leçon de vertu, mais seulement une application de l'enseignement scientifique qu'il reçoit : son travail doit se borner à ce seul point. Quitter ou étendre le cercle dans lequel nous le renfermons serait de sa part une faute. Imaginer une série d'incidents qui rendent sensible l'intérêt de la science, voilà tout ce qu'on lui demande; si ces incidents sont vraisemblables, s'ils naissent les uns des autres, s'ils créent quelques péripéties, s'ils excitent enfin quelque curiosité, la narration sera bonne.

DÉVELOPPEMENT.

Il y a de la vraisemblance à supposer qu'un enfant à qui on veut montrer que le savoir a son prix, a peu de goût pour l'étude. De son peu de goût pour l'étude, on peut inférer qu'il a été mal élevé. Ces deux points-ci notés, notre ignorant peut se mettre en route. Mais avec qui? avec un camarade? un camarade sait peu; avec son père? le père ne sait rien; avec son précepteur? c'est là le guide qui convient à nos vues.

Quelles rencontres lui ferons-nous faire? Les plus ordinaires; un homme endormi sur le bord du chemin, et qui se réveille en parlant allemand; des paysans épars dans la campagne et qui veulent faire arpenter une luzerne; un fossé dont on a besoin de savoir la largeur avant de se hasarder à le franchir; une grange qui brûle, et vers laquelle se dirigent des pompes à incendie; un chemin de fer, un télégraphe électrique.

CORRIGÉ.

A quoi bon ces barres et ces ronds que vous lui faites tracer sur une planche noire? Pourquoi cette étude de l'arithmétique prolongée au-delà de celle des quatre règles, qui suffisent à tous les calculs? Mon fils ne peut-il se passer de connaître la géographie de tout l'univers? Que lui parlez-vous aussi de physique, de chimie, d'histoire, de cosmographie?

Telles étaient les judicieuses paroles qu'un honnête épicier de Versailles adressait au précepteur de son fils, et que ce dernier, qui les avaient entendues de la chambre voisine, où il était censé travailler, grava fidèlement dans sa mémoire.

Un quart d'heure après, le maître se promenait dans la campagne avec son élève; et il lui fallut beaucoup d'adresse pour combattre dans l'esprit de l'enfant les effets des leçons paternelles. Mais quelques incidents fortuits, et d'autres qu'il fit naître, lui furent en aide.

Nos deux voyageurs passèrent aux environs de Bougival, auprès d'un homme qui était couché au bord du chemin, et qui, en relevant la tête, se prit à balbutier quelques paroles inintelligibles. « C'est un ivrogne, dit le jeune homme, passons. » « Arrêtons-nous, dit le précepteur, c'est un malheureux chaudronnier alsacien, qui, dans une langue que j'entends, nous demande du pain. »

Revenu à lui, grâce aux provisions de voyage sans lequel notre petit jeune homme ne sortait jamais de sa ville, le pauvre ouvrier put regagner sa maison, où sa femme et sa petite fille étaient à pleurer. « Monsieur, dit la femme au précepteur, nous comptions pour vivre cette semaine sur le prix de cette chaudière que vous voyez, mais elle est refusée par celui qui l'a commandée, parce qu'elle tient deux litres de moins qu'il ne faudrait.

Le précepteur se fit expliquer les conditions imposées au chaudronnier, et après un calcul de quelques minutes, il lui dit : « Laissez à votre chaudière sa hauteur actuelle, qu'on ne vous permet pas de changer, mais donnez à sa base tant de centimètres, et elle aura exactement la contenance voulue ; puis dorénavant, quand vous serez dans l'embarras, venez nous voir, nous tâcherons de vous en tirer.

Plus loin, quelques paysans témoignaient le désir de vérifier l'étendue d'une pièce de luzerne qu'ils voulaient acheter ; mais comme cette pièce avait un grand nombre d'angles saillants et d'angles rentrants, ils se voyaient, disaient-ils, obligés pour la mesurer de la traverser à plusieurs reprises et dans tous les sens, et c'était dommage. On leur apprit qu'en enfermant leur luzerne dans un triangle unique pour déduire ensuite de la contenance de ce triangle tout ce qui ne serait pas luzerne, on aurait mesuré l'étendue de celle-ci sans y entrer. Je commence à comprendre, dit l'élève à son maître, que l'étude des langues, de l'arithmétique et de la géométrie est bonne à quelque chose.

Une heure après, un orage surprit nos voyageurs:

le jeune homme proposait d'aller. se réfugier sous un grand arbre, arbre dont l'immense flèche s'élevait isolée dans la plaine ; son précepteur lui expliqua que si la foudre tombait, il y aurait tout à parier qu'elle tomberait précisément là où il voulait se réfugier. Un instant après, le tonnerre tombait non pas, il est vrai, sur l'arbre indiqué, mais sur un clocher voisin qu'il mettait en feu, ce qui revenait au même pour la démonstration que voulait donner le précepteur.

Comme ils marchaient en toute hâte dans la direction du clocher incendié, ils se trouvèrent arrêtés par un fossé rempli d'eau.

— En y plantant cette perche sur laquelle je m'appuierai, dit le jeune homme, je suis sûr de le franchir, s'il n'a que huit pieds de large.

— Il y a, dit le précepteur, un moyen de le savoir : en face de ce baliveau, qui est sur l'autre rive, plantez votre canne, tandis que moi je vais mettre la mienne à dix pieds de la vôtre, puis ensuite à dix pieds plus loin encore nous placerons la perche que voilà. Alors partant de ce dernier point, je m'éloignerai de la rivière en ligne droite, et je m'arrêterai quand je formerai avec votre canne et le baliveau une ligne droite. La distance que j'aurai parcourue et que nous pourrons mesurer sera la largeur du fossé. Rien de plus certain, dit l'élève, en traçant lui-même sur son agenda la figure ci-jointe.

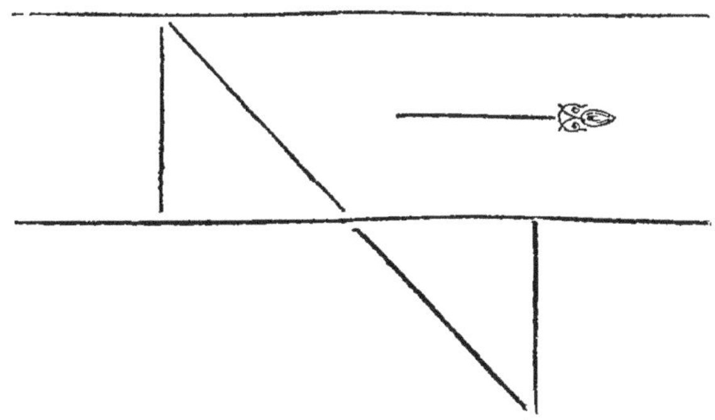

Quand ils arrivèrent au village que de loin ils voyaient brûler, le jeu des pompes avec lesquelles on s'efforçait d'arrêter l'incendie leur donna une nouvelle preuve de l'utilité des connaissances physiques.

Ce n'est pas tout, nos deux voyageurs, qui étaient à six lieues de leur demeure et qui craignaient fort que l'on y fût inquiet de leur absence, se hâtèrent de gagner le chemin de fer de Saint-Germain ; la vapeur, autre ministre de la science, les conduisit ensuite à Paris en quelques minutes : arrivés là, ils chargèrent le télégraphe électrique de leur message, et le télégraphe ne prit que trois secondes pour s'en acquitter.

RÉFLEXION.

On comprend que la science ayant reçu dans les arts, dans les métiers, dans l'industrie des milliers d'applications, la narration que nous venons de donner peut être étendue indéfiniment.

Il en résulte qu'on peut demander à l'élève d'autres faits que ceux que nous avons cités et qu'on peut lui dire : Prenez tel personnage que vous voudrez, marin, soldat, ouvrier, berger, général, prisonnier, placez-le dans tel embarras ou dans tel péril que vous voudrez, la science lui fournira toujours un moyen quelconque d'adoucir ou de changer son sort.

Mais un soin doit être laissé au narrateur, c'est de rattacher les uns aux autres les divers incidents de la narration.

UNE FÊTE DE VILLAGE.

Sommaire.

Une foule de paysans répandue sur une place ou dans une prairie; ici, des jeunes gens qui dansent; là, des hommes faits qui causent ou qui boivent; plus loin, des curieux assiégeant les tréteaux d'un charlatan; enfin, des marchands d'objets de pacotille, des gamins qui courent à droite et à gauche, des baraques, des éventaires, du tumulte, de la poussière, des cris et de la musique; voilà d'ordinaire ce qu'on voit et ce qu'on entend dans une fête de village.

DÉVELOPPEMENT.

Placer dans ce tableau des objets autres que ceux que nous venons d'indiquer, sous prétexte de lui donner plus de variété, ce serait lui ôter le mérite de la vérité.

Le laisser dans l'état où il est et se borner à lui donner un cadre plus vaste, ce serait consentir à répéter tout le monde et à n'intéresser personne.

En faire le texte de considérations morales ou philosophiques, ce serait lui donner un caractère sérieux qu'il ne comporte pas.

Enfin, vouloir le poétiser est peut-être trop difficile pour des élèves.

Cherchons donc à mettre en action le récit que nous avons à faire, de cette action résultera toujours un intérêt quelconque, ne fût-ce que celui qui résulte de l'unité du but et de la liaison des idées par lesquelles on y marche.

CORRIGÉ.

M. Bonneval et son neveu Cyprien se rendaient ensemble au village d'Asfeld;

Le chemin était long, et partant ennuyeux.
Pour l'accourcir, ils disputèrent.

L'oncle avait peut-être une trop grande expérience des hommes; le neveu jugeait peut-être la société en jeune homme à qui tout semble sourire : désenchantement d'un côté, optimisme de l'autre. Le neveu commence.

CYPRIEN.

Oui, mon système de réforme humanitaire est

éminemment raisonnable. Oui, mon oncle, pour ramener les hommes aux vertus primitives, il faut les replacer dans les conditions des sociétés naissantes; il faut les arracher aux villes où ils se centralisent, aux manufactures où ils s'entassent, pour les disperser dans les campagnes où la vue des merveilles de la nature les élève à la pensée de son auteur; c'est au village que s'est réfugiée l'innocence.

Qui sait aimer les champs sait aimer la vertu.

L'ONCLE.

Nous allons en juger, car il y a aujourd'hui fête au village où nous nous rendons; nous allons, suivant toi, nous trouver au milieu de gens de bien; nos regards vont se reposer sur un délicieux tableau de vertus champêtres; nous allons retrouver, pour un moment, les mœurs innocentes de la vie patriarcale. Ainsi soit-il.

CYPRIEN.

Voici d'abord d'heureuses apparences! Quel beau vieillard que celui que j'aperçois assis à la porte de sa chaumière! Telle a dû être la tête vénérable d'Abraham, et je croirais volontiers que l'in-folio où lit ce saint homme est une bible.

L'ONCLE.

Abraham m'est parfaitement connu, c'est un usurier des plus vifs et des plus madrés de tous les environs, et je soupçonnne fort que sa bible n'est autre chose que son livre de comptes.

CYPRIEN.

Mais quel air candide ont ces belles jeunes filles qui se rendent gaiement à la fête, et qui viennent de cueillir leurs plus beaux ornements dans la prairie voisine.

L'ONCLE.

Si tu avais moins d'imagination et la vue moins basse, tu verrais que toutes ces péronnelles ont des chaînes d'or, des dentelles, et un air que ta petite cousine appellerait effronté.

CYPRIEN.

Je parie que ces braves gens que je vois attablés en face de nous sont ou de bons soldats fiers de leurs patriotiques services, ou de bons laboureurs heureux d'amasser quelque bien pour leurs enfants.

L'ONCLE.

Ou des braconniers qui s'acquittent de leurs obligations envers des gardes protecteurs de leurs méfaits, ou des bergers comme Agnelet qui négocient une mortalité de moutons avec quelques bouchers, hommes de bien. Mais avançons et sachons quelle est la cause de ce rassemblement.

CYPRIEN.

C'est sûrement une lutte entre deux athlètes du bocage qui attire ces curieux; c'est Tytire qui dispute à Corydon le prix du ceste.

L'ONCLE.

Tytire et Corydon sont deux ivrognes qui se

battent à coups de poing, et que vont séparer les gendarmes que j'aperçois.

CYPRIEN.

Laissons ces exceptions, et admirons cette mâle et forte jeunesse, espoir de la patrie qu'elle nourrit aujourd'hui et qu'elle défendra demain.

L'ONCLE.

Cette patriotique jeunesse qui serait ravie au contraire de n'avoir ni impôts à payer, ni conscription à subir.

CYPRIEN.

Au milieu de ces danses charmantes se forment de doux projets de mariage, comme on en voyait dans l'âge d'or, de mariages où les intérêts, les préjugés, la vanité ne sont pour rien, mais où le cœur est tout; ici, la dot des jeunes filles, c'est leur vertu; la richesse des jeunes époux, c'est leur amour du travail.

L'ONCLE.

Demande à ces mères assises en cercle autour des danseuses ce qu'elles en pensent. A la ville, il se peut qu'à toute force une jeune fille soit épousée pour son mérite; cela est rare, sans doute, mais cela se voit; mais au village, un garçon de dix arpents qui prend une femme de neuf se mésallie, comme un Montmorency qui épouserait la fille d'un apothicaire.

CYPRIEN.

Ce sont là des conjectures.

L'ONCLE.

Ce sont des faits. Les hommes sont partout les mêmes, et sous des formes différentes leurs passions tiennent au fond le même langage et la même conduite. Elles ne sont ici ni moins vives ni plus morales que partout ailleurs, et, pour compléter ma démonstration, je te prie de remarquer cette foule crédule qui se presse autour des fripons qui exploitent ses mauvais penchants. Vois ce devin en haillons qui promet la fortune, cet aubergiste qui excite à boire un homme déjà ivre, ce gamin qui glisse dans les poches d'autrui des fusées auxquelles il a mis le feu, ces deux drôles qui encouragent une rixe déjà sanglante; voilà la vie des champs dans un de ses plus beaux jours.

CYPRIEN.

La gaîté de ces rustres est grossière, sans doute, mais enfin c'est de la gaîté.

L'ONCLE.

C'est une gaîté d'un moment qui distrait d'une tristesse habituelle.

En ce moment l'oncle et le neveu arrivés au milieu de la foule y interrompirent un dialogue devenu impossible; l'oncle s'assit à une table où on lui servit du vin frelaté qu'il dut jeter à terre, après l'avoir payé deux fois sa valeur, et sur le prix duquel il dut encore subir une erreur de compte, sans parler d'une pièce fausse que lui rendit l'homme des temps primitifs; de son côté, le neveu revint de sa visite aux divers marchands avec une chaîne en chrysocale qu'on lui avait vendue en conscience pour une chaîne d'or, et avec de la boue sur son habit qui avait excité la jalousie d'un manant.

L'HÉRITIÈRE.

Sommaire.

Un père qui craint de marier sa fille à un homme indigne d'elle, et qui soumet les jeunes gens qui la recherchent à une série d'épreuves dans lesquelles ils succombent, hormis un seul : voilà un sujet de dialogue que nous présentons comme facile à traiter d'une manière vulgaire; mais qui demande au contraire beaucoup d'esprit, si on veut le traiter d'une manière piquante. On comprend, du reste, que l'auteur ne doit pas laisser soupçonner les vues secrètes du père qu'il met en scène, et que celui-ci doit être représenté comme subissant les événements qu'il fait naître à dessein.

La jeune fille, surtout, doit rester dans l'ignorance complète du stratagème paternel. Mais à quelles épreuves les jeunes épouseurs ont-ils de la peine à résister? A la perte de la fortune, de la position sociale et de la beauté; puis à l'absence, à l'indifférence, aux refus, aux humiliations.

Ce sont là les causes ordinaires de découragement

pour les amoureux, et qui doivent ne produire aucun effet sur celui pour lequel nous réservons nos sympathies.

DÉVELOPPEMENT.

M. Warney donnait une fête à sa belle campagne de Mantagnac, située à une lieue de Sédan; son salon était rempli, ainsi que son jardin, de tout ce que la société de la ville et des châteaux voisins offrait de plus distingué par la naissance, la position sociale ou la fortune. On le savait splendide, et on était venu pour son luxe; il était aimé, on était venu pour lui-même; enfin Mlle Irma, sa fille unique, avait du mérite et une riche dot, et on était venu aussi pour admirer l'un en pensant à l'autre.

C'est à cette dernière classe d'invités qu'appartenait le comte Oscar d'Olbreuse, qui, retiré dans l'embrasure d'une croisée avec un habitué de la maison, y prenait une glace et de précieux renseignements avec un air d'indifférence parfaitement joué.

— A qui cette immense prairie qui se déroule à perte de vue dans la vallée de la Meuse, et sur laquelle la lumière de la lune se répand d'une manière si pittoresque?

— A M. Warney.

— Et ces coteaux chargés de vignes?

— Encore à M. Warney, au père de Mlle Irma.

— Et cette forêt à gauche, qui forme un horizon à souhait pour le plaisir des yeux?

— A M. Warney, au propriétaire du château où nous sommes.

— C'est une jeune fille toute charmante, dit-on, que Mlle Warney, et fort riche, n'eût-elle que ces propriétés ?

— Mais elle en a d'autres, du chef de sa mère, dans la Beauce et sur les coteaux d'Ay.

Le comte Oscar courut demander une contredanse à la propriétaire des vignobles champenois.

Resté seul, le chevalier de Berigny, qui venait de répondre ainsi, se dit à lui-même :

— Un jour d'élection, un homme aussi riche que M. Warney doit disposer de beaucoup de consciences électorales; que je l'aie pour beau-père, me voilà à la chambre, à la tribune, au ministère : mettons-nous donc à l'œuvre. On dit que Mlle Irma a du mérite, c'est une première chance de succès, car naturellement elle remarquera le mien. Oscar n'est pas un rival à craindre, il est perdu de dettes.

Berigny allait poursuivre le cours de ses modestes réflexions, quand il vit arriver à lui son cousin Fournival qui, avec une parfaite désinvolture et un charmant sourire, lui dit : « Je suis ruiné à la *bouillote ;* prête-moi dix louis, mon cher Pylade, et sauve ton Oreste du désespoir; mon malheur au jeu passe mon espérance ; du reste, on s'amuse ici sans compter qu'on nous prépare un souper *régence*, et qu'on va jouer un proverbe où j'ai un délicieux rôle de mauvais sujet; j'y aurai un succès fou, il va à mes moyens, à mes habitudes et à mes vues sur Mlle Irma; car j'ai sur son tendre cœur des projets d'incendie. Tu sais, nous autres vauriens, exécrés de tout le monde, nous sommes aimés des femmes; la Providence nous ménage cette douce compensation. Mon plan de ravage est tracé; j'ai en réserve des mots irrésistibles, des paroles enflammées, je réussirai; et alors à moi toutes les joies de la vie; je me fais Sardanapale, je ressuscite Richelieu, je me change en don Juan. Qu'est-ce que la vie humaine? Une partie de plaisir.

De si sages paroles eussent été perdues pour la postérité, si elles n'eussent été entendues d'un quatrième personnage, Adrien Merteuil, invité à la soirée de M. Warney comme poète, c'est-à-dire comme rareté du sol ardennais: des prix de collége et quelques succès littéraires l'avaient environné d'une gloire d'arrondissement qui rayonnait de Sédan jusqu'à Vouziers et Rethel. Du reste, on le savait orphelin et pauvre.

Lui aussi aimait Mlle Irma, dont il connaissait la bonté par les indiscrétions de quelques pauvres, et l'esprit délicat par quelques lectures qu'il avait faites avec elle; mais, comme son amour était vrai, il était timide. D'ailleurs, pauvre et orphelin, Merteuil avait mille raisons d'être modeste. Quel moyen avait-il de s'élever jusqu'à Mlle Irma? Un seul, la gloire, parure aux yeux de la jeune fille; fortune peut-être, aux yeux de son père, qui était gentilhomme de nom et d'armes, mais de cœur encore plus.

Quinze jours après cette fête, on en donna une autre au château de Bazeilles, où se retrouvèrent les divers personnages dont nous venons de parler. Au lieu de danser, le comte Oscar d'Olbreuse parcourait les journaux épars avec des brochures sur une des tables du salon.

L'article suivant s'offrit à ses yeux :

Le libraire Hachette annonce la prochaine apparition d'un ouvrage destiné à émouvoir vivement l'Europe savante et dont voici les titres :

Recherches sur la forme des cuillers chez les Thessaliens (330 *ans avant Jésus-Christ*).

Un sentiment de pitié fit sourire le comte Oscar d'Olbreuse.

Il poursuivit et lut :

Conjectures sur la forme du nez de la reine Cléopâtre.

Notice sur le brodequin d'une Romaine, trouvé à Herculanum.

— A quels misérables travaux demande-t-on la gloire! s'écria notre gentilhomme.

Enfin il s'arrêta sur un autre article ainsi conçu : « Permettez-moi, monsieur le rédacteur, de réclamer contre l'audacieuse insolence d'un quidam à qui, dans votre journal, on fait l'honneur de mon procédé sur le ficelage des bouteilles de vin de Champagne. »

WARNEY-Junior, négociant en vins,
à AY, près Mareuil.

Oscar refusait d'en croire ses yeux. La nièce d'un marchand de vins! lui, épouser la nièce d'un ficeleur de bouteilles! Aussi ne se hasarda-t-il qu'avec des ménagements infinis à demander à Berigny s'il n'y avait point erreur ou seulement ressemblance de nom; Berigny lui confirma la vérité de ce qu'il osait à peine soupçonner, et il lui apprit même que le fait qui lui paraissait si déplorable avait paru tout simple à beaucoup de personnes.

— A Sédan?

— Partout.

A dater de cette soirée, Mlle Irma perdit ses droits à l'admiration de M. le comte Oscar d'Olbreuse. Plusieurs autres admirateurs de cette belle personne sentirent également s'affaiblir leur passion pour elle, quand ils apprirent, peu de temps après, l'immense perte que faisait éprouver à son père la déconfiture du Rothschid sédanois; leurs yeux s'ouvrirent alors sur son compte; enfin ils ne la virent plus qu'avec une suprême indifférence, quand une troisième catastrophe eut amené la vente de sa terre de Montimont et de ses vignobles de Maillé et de Bouzy, en

Champagne. Berigny, tout le premier, tourna d'un autre côté ses vues électorales.

— Quel fracas faisaient ces gens-là ! se prit-on à dire à Sédan, à Mézières, à Charleville; et cependant quel air commun avait le père ! quelles prétentions avait sa fille ! et à propos de quoi, je vous le demande? ajoutait charitablement Fournival.

Merteuil fut le seul à remarquer que Mlle Irma avait, depuis son malheur, un air de dignité encore plus frappant; il sut aussi que la perte de sa fortune ne lui faisait pas oublier les pauvres.

— Mon enfant, dit un jour M. Warney à sa fille, prépare-toi à de nouveaux sacrifices, nous allons nous retirer à la campagne, à Montimont, dans une petite ferme que je compte gérer moi-même avec ton concours.

Irma répondit que la tendresse de son père suffisait à son bonheur.

Par un hasard dont elle ne put s'empêcher de se féliciter, elle apprit que leur nouvelle demeure était dans le village même où habitait Adrien Merteuil, à qui le pasteur du lieu servait de père. Du reste, Adrien se montra près d'elle plus respectueux encore que par le passé; il fut seulement à même de se faire mieux connaître, et il gagna beaucoup à être vu de près. M. Warney, surtout, le prit en affection. En le voyant un jour braver une mort presque certaine pour sauver un garde de la fureur d'une bande de loups. « Je t'assure, dit-il à sa fille, que s'il est gauche à offrir un bouquet, il ne tremble pas quand il manie l'épieu. »

Malheureusement le jeune chasseur dut aller à Paris, où le portait le désir de sortir de son obscurité et de se faire une fortune en se faisant un nom.

— C'est juste, lui dit M. Warney, il faut qu'un jeune homme s'assure un avenir.

— Hélas! lui aussi! se dit amèrement Mlle Irma; il s'éloigne, lui aussi, et comme les autres! Elle n'aimait pas encore le fugitif, mais elle entrevoyait qu'elle aurait pu l'aimer.

Six mois après, M. Warney, à qui la tristesse de sa fille n'avait point échappé, lui proposa comme distraction un voyage à Paris. Celle-ci accepta la proposition paternelle avec une joie où il entrait un autre désir, peut-être, que celui de voir les merveilles de la capitale.

Le lendemain de leur arrivée, M. Warney et sa fille allèrent à une séance de l'Institut, où Picard lut d'une manière délicieuse des vers admirables, et dont l'auteur, Adrien Merteuil, fut couronné au milieu des applaudissements des hommes et des larmes des femmes.

Irma comprit que, pour une telle gloire, une pauvre jeune fille pouvait être oubliée.

Le soir, elle assista à la première représentation

d'une pièce nouvelle, où, à son immense étonnement, elle reconnut, avec quelques légers changements, sa propre histoire, ses maximes de prédilection, ses sentiments intimes, les idées qui lui souriaient le plus, et jusqu'au canevas d'une nouvelle dont elle se souvenait d'avoir fait juge Adrien. La pièce eut un succès d'enthousiasme; pendant toute la nuit, les acclamations qu'Irma venait d'entendre retentirent dans son cœur.

Aussi éprouva-t-elle un vif chagrin quand son père lui dit : « Nous partons pour Montagnac, dont le château a été acheté par un de mes amis, qui, après demain, y donne un dîner où nous sommes invités.

Irma retrouva dans les salons du nouvel hôte de Montagnac, les mêmes convives auxquels elle avait autrefois fait les honneurs de la maison de son père; le comte Oscar d'Olbreuse, le futur député Berigny, le viveur Fournival, et beaucoup d'autres dont quelques uns furent même assez polis pour la reconnaître. Quant à l'amphitryon lui-même, il envoya dire à M. Warney qu'il le priait instamment de le remplacer et de faire servir. Après quelques minutes d'attente, M. Warney obéit, et chacun d'applaudir à la sagesse d'une résolution qui sauvait le dîner d'un grave péril.

Adrien venait d'entrer dans la salle.

— A qui, diable! donne-t-on aujourd'hui la croix?

dit à Berigny le comte Oscar, qui voyait un ruban rouge à la boutonnière du nouveau venu.

— Ne m'en parlez pas; tout se donne à l'intrigue, répondit le futur candidat du ministère.

— Messieurs, dit au dessert M. Warney, j'ai l'honneur de vous inviter à la représentation d'une petite comédie de ma composition.

A ces mots, tous les convives ébahis se regardèrent.

M. Warney reprit :

— D'une petite comédie de ma composition qui sera jouée ici à propos d'un très-prochain mariage, aux fêtes duquel j'ai aussi l'honneur de vous inviter. Mon cher Fournival, je t'ai réservé dans ma pièce un rôle de mauvais sujet, que tu rempliras à merveille. M. Berigny, en votre qualité de candidat ministériel, je vous prendrai pour juge du mérite de mon intrigue; et quant à M. le comte d'Olbreuse, il me dira si un gentilhomme déroge en se faisant auteur, et si je dois avouer ma comédie. Du reste, j'avoue d'avance que je me suis peint dans mon œuvre, et que la ruine de mon héros est comme la mienne, une fable véritable, imaginée pour votre plaisir à tous, messieurs les spectateurs. Avons-nous besoin d'ajouter que quelques jours après, le mariage d'Adrien et d'Irma était célébré à Montagnac.

UN MARCHÉ AUX FLEURS.

Sommaire.

Il n'y a, à proprement parler, que trois objets à présenter dans ce tableau :

1° Les fleurs elles-mêmes,

2° Les femmes qui les vendent,

3° Les personnes qui les achètent.

Ne demandez point à l'élève de vous décrire les fleurs, il ne sait point la botanique; de vous peindre les bouquetières qui les vendent, il n'est ni artiste ni philosophe; de vous énumérer les amateurs et les curieux qui les examinent, il n'y aurait à faire cette énumération aucune espèce d'intérêt.

C'est dans une autre voie qu'il faut l'engager, si on veut le conduire au but.

DÉVELOPPEMENT.

Dramatiser un écrit est le plus sûr moyen qu'il y ait de l'animer. Placez donc ou amenez sur votre marché aux fleurs des personnages qui jouent un rôle sous vos yeux, qui vous donnent le spectacle de la vie humaine, qui se montrent à vous avec les petites passions et les ridicules de la société.

Entrez vous-même en scène, si vous le pouvez; prenez part à l'action pour la mieux voir et la mieux comprendre, pour vous en faire le centre et par là lui donner de l'unité.

Les fleuristes sont un monde à part, qui a ses préjugés, ses manies; faites-le moi connaître.

Après l'amateur qui aime la fleur pour elle-même, montrez-moi la jeune fille qui l'aime comme parure, la jeune femme qui l'aime comme parfum, le peintre qui l'aime comme étude, le vieillard qui l'aime comme souvenir de son jeune âge ou comme partie du spectacle de la nature.

A ces divers acheteurs ajoutez, si vous le voulez, un enfant qui vient chercher un bouquet pour la fête de son aïeul, ou une mère qui vient choisir des fleurs pour en parer la tombe de son premier né.

Unissez toutes ces idées, tous ces personnages, par un lien quelconque, et votre travail aura tout le mérite qu'on peut lui demander.

CORRIGÉ.

Si les arbres, comme le dit Buffon, sont une société pour l'homme, on peut le dire à plus forte raison des fleurs; leur culture occupe nos loisirs, leurs belles couleurs enchantent nos regards, leurs parfums nous rendent plus doux l'air que nous respirons; la variété de leurs formes et de leurs nuances sert de langage à nos sentiments les plus délicats et les plus mystérieux.

Aussi aimé-je à voir non la manie, mais le goût des fleurs se répandre parmi nous. Il me semble que partout où elles croissent, elles embellissent le séjour de l'homme, lui parlent de Dieu et mêlent quelque joie fugitive aux tristesses habituelles de son existence.

On conçoit d'après cela que je me plaise à diriger mes promenades du matin vers la Madeleine ou vers le quai du Palais-de-Justice, charmante création de ce gouvernement impérial qui a donné des fleurs à Paris comme il lui a donné le bronze de la place Vendôme et des fontaines sur toutes les places.

Outre que le marché aux fleurs offre aux yeux les plus agréables productions de la nature, il a aussi l'avantage d'être fréquenté en général par des personnes d'une physionomie douce. On ne rencontre là ni gens d'affaires, ni spéculateurs, ni ambitieux politiques, ni usuriers; mais de gracieuses jeunes femmes, pauvres oiseaux captifs qui viennent chercher la parure de leur cage; de bons vieillards à qui les fleurs rendent les jeunes souvenirs; de tout petits enfants qui laissent naïvement éclater sur leur visage la joie qu'ils ont d'une fête à souhaiter et d'un cadeau à recevoir, et enfin quelque bon ermite d'une mansarde parisienne, qui, à la vue de la verdure et de visages satisfaits, bénit la Providence et se réjouit dans son cœur. C'est de cet endroit de Paris que j'avais fait hier le but de ma promenade et le théâtre de mes observations.

C'est de là que j'avisai dans la foule un de mes voisins de campagne, M. Fromageot, honnête épicier, qui a eu le talent que n'ont pas toujours les gens d'esprit, celui de faire fortune : aujourd'hui il est retiré dans sa campagne de Ville-d'Avray, près du château d'un huissier qui vient de quitter les affaires, et d'une chaumière que Casimir Delavigne, le protégé d'un roi, le chantre des gloires de la France, n'a pas eu le moyen de conserver. Mon voisin, dans un jardin d'un demi-arpent, s'est fait brouetter une montagne de sable de dix pieds de tour, qu'il a accidenté de ravins, et c'est pour la couvrir de cèdres du Liban qu'il était venu chercher des graines à Paris ; il a aussi une cascade à laquelle un plombier intelligent doit ménager les eaux de ses gouttières.

Avec lui était venue au marché aux fleurs mademoiselle Évelina, sa fille unique, qui le dirige dans ses diverses acquisitions, et dont les conseils sont des ordres qu'il exécute avec une docilité d'enfant. Papa, lui cria la savante Évelina, qui a eu le prix de botanique au couvent des O......, nous prenons ces pariétaires pour border notre ruisseau, ces saxatiles pour nos serres chaudes, et ces fluviatiles pour notre montagne. Oui, répondit avec une radieuse satisfaction le père de la savante Évelina, arrêté devant un cactus qui lui paraissait un chou bien extraordinaire.

Avec la jeune épicière, mademoiselle Étiennette de Valdampierre réclama mon attention ; elle était venue dans une voiture armoiriée ; un laquais en livrée la suivait et une dame de compagnie se tenait à portée de recevoir ses ordres. Mademoiselle Étiennette parcourut dédaigneusement les rangs des fleurs plébéiennes ; mais à la vue d'une magnifique touffe de lis, elle s'arrêta, en demanda le prix ; on lui répondit que c'était un louis : la dame de compagnie voulut se récrier sur l'énormité de la somme, la jeune légitimiste, d'un geste majestueux, lui imposa silence, laissa tomber dédaigneusement la pièce d'or demandée sur le tablier de la bouquetière, puis, à travers la foule qui s'écartait devant elle, elle emporta le glorieux symbole de sa croyance politique avec la fierté d'une Jeanne d'Arc relevant la bannière de l'armée sur les murs d'Orléans.

J'allais peut-être me laisser entraîner à quelque réflexion chagrine sur l'habileté des bouquetières à tirer parti de la vanité féminine, quand je vis ces mêmes bouquetières donner, pour quelques sous, à deux pauvres enfants, toute une masse de roses quelles arrangèrent elles-mêmes dans leurs petits bras, comme si leur cœur avait deviné la pieuse et filiale intention des deux petits acheteurs.

Du reste, le sacrifice qu'elles venaient de faire leur fut payé par la plus insatiable et la plus ardente des vanités humaines, celle d'une cantatrice. La femme de chambre de Mme Carminetti venait avec une discrète précaution acheter les témoignages d'enthousiasme qu'on devait le soir jeter à sa maîtresse sur le théâtre.

Ohé, ohé, voilà la folle, crièrent deux ou trois gamins qui montraient une pauvre fille appuyant une main décharnée sur une houlette ornée de faveurs roses et dont le chapeau de bergère laissait échapper des mèches de cheveux gris; bien que l'infortunée ne payât jamais, on lui donnait toujours; ce jour-là elle demanda des marguerites, et approchant avec complaisance les blanches fleurs de ses joues amaigries, elle se prit à sourire : la vue d'un visage en larmes est moins triste qu'un pareil sourire, expression d'une douleur bien profonde puisqu'elle avait coûté la raison à celle qui l'avait éprouvée.

Je fus distrait des pensées que m'inspirait ce spectacle par l'arrivée d'un pauvre commis de la guerre, ancien sergent, qui venait demander qu'un œillet rouge lui donnât la douce illusion d'un ruban de la Légion-d'Honneur. Il avait demandé cette distinction durant trente ans, et à vingt ministres différents, sans pouvoir l'obtenir; cela est bien rude, se disait-il avec un profond désespoir. Le malheur de ce pauvre homme, dont il me raconta toutes les phases, m'inspira naturellement le désir de le faire cesser; je ne pus y réussir; mais il se trouva un jour chargé d'une mission électorale et il fut plus heureux.

UNE RÉCRÉATION DANS UN PENSIONNAT

DE JEUNES FILLES.

Sommaire.

En traitant ce sujet, ce qu'il faut éviter surtout, c'est d'être vulgaire et trivial ; et si on ne dit pas des choses nouvelles, il faut au moins dire d'une manière neuve les choses qu'on répète.

L'agrément d'un récit tient beaucoup à la variété des tableaux qu'il présente ; il faudra donc supposer, dans celui qui nous occupe, que ces jeunes filles mises en scène passent d'un jeu à un autre, avec la mobilité de leur âge.

Il faudra supposer également que le même jeu ne produit pas sur toutes la même impression.

Enfin il sera bon de disposer les faits de manière à les faire contraster les uns avec les autres.

Les diverses scènes de ce petit drame seront ramenées à l'unité par cette circonstance qu'elles se jouent sous les yeux d'un spectateur unique qui les juge de son point de vue, et sur lequel elles produisent toutes le même effet.

DÉVELOPPEMENT.

En attendant qu'on lui permît de voir sa petite fille, pensionnaire au couvent de Valdampierre, un vieillard s'assit sous un berceau de verdure qui s'élevait auprès du parloir et qui donnait sur le jardin ; ce jardin était fort étendu et déroulait à perte de vue une immense pelouse de gazon, accidentée seulement par des massifs d'arbres jetés çà et là.

Là, folâtrait, voltigeait et bourdonnait un essaim de jeunes filles dont il compara la réunion à l'une de ces fêtes du grand monde auxquelles il avait souvent assisté.

Dans l'une, l'éclat du luxe, l'ardeur des grandes passions; dans l'autre, la beauté de la nature et la naïveté des premiers sentiments de la vie; là une atmosphère embrasée et impure, des parures menteuses, la contrainte des sentiments et les soucieuses préoccupations de la vanité; ici, un beau jour, de beaux enfants et des fleurs.

En face de lui, le vieillard avait une petite blondine tenant sur son épaule un fusil de bois, instrument de mort qu'elle avait dérobé à l'arsenal de son frère, guerrier de six ans, et sur lequel était perchée une blanche et inoffensive tourterelle.

La gracieuse enfant tournait les yeux par intervalles vers l'oiseau favori qu'elle semblait appeler par un sourire, et l'oiseau docile à cet appel venait chercher le baiser promis; à sa manière d'obéir, il était aisé de voir que depuis longtemps il était fait à ce manége.

Dans un coin écarté du verger, une toute petite fille paraissait trouver exquise une pomme verte qu'elle venait de cueillir à la dérobée.

Plus loin, avait lieu une course de chars, représentés par des brouettes chargées de sable rose; et jamais aux fêtes olympiques le succès ne fut disputé avec plus d'ardeur et ne fit briller d'une joie plus vive le front de la victoire.

Bientôt au milieu d'un cercle formé de jeunes lilas et de chèvre-feuille, toutes les pensionnaires, réunies cette fois dans un sentiment commun, se mirent à danser une ronde, c'était plaisir à travers le feuillage de voir passer ces frais visages où se peignaient l'innocence et la gaîté.

Parfois néanmoins il arrivait que des gémissements se mêlaient aux éclats de rire, que des reproches étaient échangés et que des yeux s'emplissaient de larmes; mais ces tristesses n'avaient point de durée; des cris commencés par la douleur se terminaient en cris de joie; les joues avaient encore des larmes que déjà les lèvres avaient repris leur sourire.

Un grave événement attira l'attention générale: emprisonné dans un filet de gaze, un papillon arrivait porté à travers les airs par des mains triomphantes; on fit cercle autour du beau prisonnier, une douce voix, celle de mademoiselle Charlotte, demanda instamment que l'on rendît la liberté au captif, mais cette prière rencontra une opposition fort vive. Il est si beau ! disait l'une; raison de plus pour le garder, disait l'autre: comme il doit souffrir, disait une des plus grandes; mais s'il souffrait, disait une petite avec la logique de son âge, il crierait. Dans l'intérêt de la science, mademoiselle Lucette proposa de clouer le papillon, au moyen d'une épingle, sur un des murs de la salle d'étude. De là, un débat orageux à la faveur duquel le prisonnier, moins surveillé, recouvra sa liberté; alors déployant ses ailes de feu, il s'éleva dans les airs où les pensionnaires ébahies le suivirent quelque temps des yeux.

Mademoiselle Ermance était restée étrangère à ces divers amusements. Assise sur un banc de gazon, elle s'occupait à natter les cheveux d'une orpheline qui se tenait à genoux devant elle, et à laquelle, pour prix de sa tranquillité, elle racontait la merveilleuse histoire de Moïse sauvé des eaux, comme pour lui apprendre que Dieu veille à la place des parents sur les petits enfants délaissés sur la terre. L'enfant écoutait en effeuillant des marguerites.

Au jardin des jeunes filles communiquait celui des dames pensionnaires que le vieillard avait à sa gauche, et dans lequel se trouvaient des ruches d'abeilles façonnées à la *Ducouedic*, c'est-à-dire composées de plusieurs tiroirs superposés, ce qui permet d'en retirer le miel, sans détruire les utiles ouvrières qui le composent.

Une haie vive séparait les deux enclos; mais sur le récit d'une pensionnaire qui avait reconnu la possibilité d'une invasion, le désir vint aux filles d'Ève d'imiter la mère des hommes; on ne voulait d'abord que s'approcher des ruches; mais une fois les ruches observées, on pensa au trésor qu'elles renfermaient, puis enfin on pensa à le dérober. On reconnaissait une grande difficulté à l'exécution de ce projet; la ruche menacée d'un siége était bien gardée; de nombreuses abeilles étaient de faction à son entrée, d'autres voltigeaient à l'entour et surveillaient l'ennemi. Henriette, disait Emma, tu es la plus brave; tu es la plus adroite, disait Anna; c'est toi qui feras les parts, disait Valentine de Maizières. Mais Henriette hésitait, et quant à la masse des assiégeantes, elle se tenait à distance respectueuse du péril. Enfin mademoiselle Noémi, qui n'avait encore rien dit, mais qui aimait les entreprises hardies et les tartines de miel, s'écria héroïquement: Je me dévoue; elle avance donc à pas comptés, baisse son voile, avance la main, va toucher le tiroir souhaité, quand accourt à elle le chien du jardinier, Médor, lequel, en raison de petites gratifications qu'il avait reçues d'elle au réfectoire, lui portait une vive affection. La joie, les mouvements et les ébats de Médor à la vue de sa bienfaitrice, inquiètent les abeilles; elles fondent sur lui, et, le punissant du crime d'autrui, elles lui percent le nez, c'est-à-dire la partie la plus sensible de sa personne, de leurs dards aigus. Agité de tourments, il se met à hurler de la façon la plus lamentable, il se roule dans le sable avec des mouvements désordonnés; mais, en poursuivant ses invisibles bourreaux et en frottant sa blessure, tantôt avec une patte, tantôt avec une autre, il donnait à sa souffrance une expression si grotesque et si comique, que toutes les spectatrices se mirent à rire. Un cri d'effroi qu'avait poussé à temps le vieillard spectateur de cette scène et l'arrivée du jardinier donnèrent au drame un heureux dénouement.

TABLEAU D'UN PORT DE MER.

Sommaire.

Les divers objets qui doivent entrer dans la composition de ce tableau sont comme les matériaux destinés à la construction d'un édifice; il faut qu'ils soient disposés dans un certain ordre, et que cet ordre tienne à un plan arrêté d'avance et dont on ne s'écarte point. C'est du rapport des parties que résulte l'harmonie de l'ensemble.

Décrire au hasard tout ce qui s'offre aux yeux sur un port de mer, montrer des quais chargés de marchandises, des navires qui entrent ou qui sortent, des curieux qui se promènent, des portefaix qui transportent des colis; c'est renoncer à donner à la description tout intérêt moral et tout mérite littéraire.

Il n'y aura de véritable tableau que par un agencement plus ou moins heureux des personnages et des objets qui les entourent, que par l'effet des contrastes, que par l'unité donnée à la composition.

Mais, dira-t-on, quel plan suivre? Nous pourrions répondre : Il n'importe, pourvu qu'on en suive un. Mais nous allons donner à ce sujet quelques idées.

DÉVELOPPEMENT.

Pour que le spectacle d'un port de mer impressionne vivement, il faut que celui qui le voit, le voie pour la première fois; il y a donc une bonne raison pour amener sur le théâtre que nous voulons décrire un jeune homme qui n'est jamais sorti de Paris, un poëte qui vit dans un monde imaginaire, un philosophe qui vit dans la retraite, une jeune fille qui a été élevée au couvent; en un mot, quelqu'un pour qui soient nouveaux les objets au milieu desquels il se trouve et qu'il examine, en conséquence, avec plus de curiosité.

D'un autre côté, la mise en scène de ce jeune homme, de ce poëte, de ce philosophe, de cette jeune fille, est un moyen de donner de l'unité à la composition, de faire tout envisager et tout juger d'un même point de vue, par une même personne.

Le lecteur en suivant cette personne dans ses courses et dans ses observations, aura un guide, il ne sera ni perdu dans un labyrinthe, ni fatigué par la masse d'objets confus offerts à ses regards.

Il prendra intérêt à ce qui arrive au voyageur qu'il suit, à ce qu'il lui voit éprouver de surprise, de peine, de plaisir ou d'enthousiasme.

Ainsi Châteaubriand a placé le personnage d'Endoze au milieu des scènes d'un camp romain qu'il veut décrire, au milieu du mouvement de Rome qu'il veut peindre; ainsi M. de Maistre a placé un philosophe dans cette barque qui parcourt la Néva pendant une belle soirée d'été, à Saint-Pétersbourg;

ainsi Bernardin de Saint-Pierre a mêlé à l'action de sa pastorale de Paul et Virginie le même vieillard qui en est l'historien.

CORRIGÉ.

Mon neveu, Raoul Monderville, avait eu un second prix de mathématiques au concours général; de là, pour lui une joie vive, pour sa mère une fierté toute naturelle, pour ses maîtres quelque surprise, et pour moi l'obligation de le conduire au Havre. A l'entendre, la chose avait été convenue; je ne m'en souvenais point, mais sa mère en avait une idée confuse, et lui, une idée précise; ses bonnes paroles achèveront de me rendre la mémoire.

Nous partîmes.

Nos compagnons de voyage étaient un épicier que le gentilhomme Raoul affecta de dédaigner, un officier anglais qu'il regarda de travers, un jeune faquin qu'il prit en amitié, et un maître de danse qui lui fit l'effet d'un diplomate. Je laissai toute liberté à ses affections et à ses antipathies, me réservant de les combattre, s'il y avait lieu, par une autre voie que celle du raisonnement.

A la vue de ces milliers de navires arrivés de tous les points du globe et représentant de toutes les marines comme de tous les commerces du monde; à la vue de tous ces pavillons que le vent déployait au sommet des mâts pavoisés; au bruit sourd des canons qui tonnaient en mer ou sur le rivage, Raoul fut émerveillé.

Rien, en effet, de plus imposant, de plus varié, de plus animé que le spectacle qu'il avait sous les yeux: des matelots anglais en jaquettes rouges y coudoyaient les marchands de Smyrne en bournous blancs; le turban turc s'y rencontrait à côté du sombrero espagnol et du bonnet grec; auprès d'une Andalouse avec sa mantille, on remarquait une Écossaise avec son plaid, ou une Cauchoise avec sa thiare, ou une négresse avec son tartan couleur de feu. Un port de mer, c'est un immense comptoir où affluent les banquiers et les marchands de tous les pays, et où les lingots du Pérou, les piastres de l'Espagne, les roupies du Mogol s'échangent contre les roubles de de Russie, les guinées de l'Angleterre et les billets de la banque de France. C'est un parlement commercial en plein air, où se discutent les intérêts de vingt nations qui y ont envoyé leurs représentants; c'est une vaste scène où s'agitent toutes les passions et tous les intérêts de l'humanité.

Nous fûmes plus émerveillés encore en pénétrant plus avant dans la foule; au milieu des machines qui chargeaient et déchargeaient les bateaux, des voitures qui se croisaient sur les quais, des boucauts de café qui s'amoncelaient sur le rivage, aucune parole ne peut donner une idée du mouvement et de l'agitation dont nous étions témoins: il devenait inutile de nous parler désormais de l'importance du commerce, nous en avions la preuve sous les yeux. Les prodiges opérés par l'industrie et par la navigation nous entouraient de tous côtés. Comme nous entrions à la douane, nous aperçûmes le gros épicier avec qui nous avions voyagé, qui soldait pour trente mille francs de droits avec cet air d'indifférence qu'on met à faire les choses ordinaires. A la manière dont le salua Raoul, je remarquai que le marchand de cassonade venait de gagner quelque chose dans son estime; du reste, lui-même nous offrit, avec la politesse et l'aisance d'un homme du monde, de nous faire voir l'un de ses navires dont la construction passait pour un chef-d'œuvre; il nous le fit examiner dans tous ses détails, et cet examen causa à Raoul un véritable enchantement. « Il est impossible que les Anglais aient mieux, me dit-il. » « Nous allons voir, lui dis-je en le conduisant à un paquebot qui allait partir pour Brighton, et sur lequel il retrouva l'officier dont l'aspect britannique avait si fort ému son courroux patriotique. » En dépit de son désir secret de trouver l'ennemi en défaut ou faible sur un point quelconque, il dut reconnaître que cet ennemi avait du bon dans sa marine et qu'il serait beau de le vaincre, ce à quoi il se proposait de contribuer à la première guerre.

Comme nous descendions du paquebot de Brighton, Raoul aperçut à bord d'un vapeur américain le jeune beau avec lequel il avait causé si amicalement dans la diligence, et qui, disait-il, lui avait gagné le cœur dès la première vue.

Mais le charmant jeune homme lui répondit à peine, préoccupé qu'il était de voir se diriger vers son bord un commissaire de police revêtu de son écharpe tricolore et escorté de plusieurs soldats : « Vous allez me suivre, dit le magistrat à l'ami de Raoul. » « Monsieur, répondit l'autre arrogamment, mes papiers sont en règle, et ma place est retenue à bord du paquebot. » « Votre place, reprit froidement le commissaire, est à Sainte-Pélagie, où vous allez être reconduit par mes soins et à la prière de vos nombreux créanciers. »

Raoul avait tout vu et tout entendu, mais il ne dit mot.

Comme l'arrestation du débiteur fugitif laissait au capitaine américain une place disponible et qu'il voulait se donner le temps de lui trouver un nouveau locataire, quelques uns de ses matelots obtinrent de lui la permission de descendre à terre : nous les vîmes entrer là où se vend la seule joie du pauvre, dans un cabaret; un seul prit le chemin de l'église.

Plus loin, nous entendîmes un grand bruit; il était causé par une foule de curieux rassemblés autour d'un honnête savetier à qui un navire de Karikal venait d'apporter la nouvelle de la mort d'un cousin et une succession de cent mille francs. Ce pauvre homme ne pouvant tenir sa joie captive, la promenait par les rues, à la grande satisfaction des espiègles qu'il faisait rire, de ses amis qu'il invitait à venir boire du vin à quinze, et des cabaretiers qui trouvaient judicieuse cette manière de dépenser sa fortune.

Le commissaire remarquant dans le cortége du brave homme des industriels de sa connaissance, chargea un de ses limiers de protéger la succession de Karikal.

Un événement d'un autre genre réclama son intervention : à l'encontre du joyeux ivrogne s'avançait une civière portant le cadavre d'un habitant de l'île Maurice, qui venait de se tuer pour ne pas survivre à sa femme qui lui laissait deux millions d'héritage.

A notre retour à l'hôtel, Raoul reconnut son prétendu diplomate racontant les succès qu'allait obtenir le corps de ballets qu'il venait de recruter et d'organiser pour l'iman de Mascate. A l'entendre, il allait civiliser toute la côte de Mozambique, et renouveler chez les barbares les prodiges des musiciens et des danseurs mythologiques, donner à la France, par voie d'influence, d'utiles colonies; enfin assurer une brillante fortune à tous ses camarades. Il nous parut que la troisième de ces idées était de beaucoup celle qui paraissait la plus heureuse à son auditoire.

L'OPINION.

Sommaire.

Qu'est-ce que l'opinion ?

C'est, dit Cicéron, l'expression de la vérité ;

C'est, dit Virgile, un fléau, et la voix du mensonge aussi souvent que la voix de la vérité ;

C'est la reine du monde, dit Pascal ;

C'est la voix de Dieu, dit la Sagesse des nations ;

C'est un mensonge accrédité, dit Voltaire.

Voilà les diverses réponses qui ont été faites à la question que nous posons : les exposer, les discuter, les concilier, ne peut être le travail que nous donnons à notre élève ; nous nous bornons à lui demander de peindre cette mobilité de l'opinion qui est son caractère propre, puisque les plus sages des hommes lui ont attribué les caractères si différents que nous venons de retracer.

DÉVELOPPEMENT.

Avec des citations on sera érudit ; avec des raisonnements pour et contre, on sera orateur ; avec des recherches sur les causes de l'instabilité de nos jugements, on sera philosophe : or, nous ne voulons être rien de tout cela, parce qu'avec tout cela on s'ennuie.

Mieux vaut, à notre avis, faire de l'opinion une sorte de personnage qui prend tantôt une forme et tantôt une autre ; qui protége aujourd'hui et qui demain accusera ; à qui, ici, on rend hommage, et qui est ailleurs un objet de mépris.

Ou bien,

Il faut offrir au lecteur un homme qui, au fond, est toujours le même et qui, néanmoins, suivant les circonstances, est admiré de tous ou méprisé de chacun.

L'histoire de cet homme sera celle des variations de l'opinion : on peut également en faire un poëte applaudi à outrance à son début, et à la fin de sa vie demandant une place à l'hôpital ; un savant qui est traité de visionnaire comme Fulton pendant sa vie, et honoré comme un homme de génie quand il est dans la tombe ; un Béranger à qui l'Université ôte une place de commis, et que la France proclame le premier de ses poëtes.

CORRIGÉ.

Adrien Romainville était venu du collége d'Épernay dans celui de Henri IV pour y redoubler sa rhétorique. Sa mère, bien qu'elle connût son mérite, parlait de lui avec une grande modestie ; seulement elle disait qu'il avait de l'esprit, parce que c'était vrai ; qu'il avait eu tous les prix de sa classe, parce que c'était connu ; qu'il serait un jour un homme de génie, parce que c'était *l'opinion* du sous-préfet et du receveur de l'enregistrement.

En dépit de la confiance que lui inspirait sa gloire

de province, Adrien se sentit légèrement ému quand il lui fallut lire en classe son premier discours latin.

Son professeur, M. Daveluy, homme indulgent et accoutumé d'ailleurs à de pareils présents, ne lui signala qu'avec beaucoup de ménagements les trivialités de style, les incohérences d'idées, les anachronismes de faits et de mœurs, et les bévues de tout genre qui abondaient dans son œuvre; mais ses nouveaux condisciples, moins charitables, accueillirent son début par un de ces rires bienheureux qui ne sont connus qu'au collége : à dater de ce moment *l'opinion* fut faite sur le compte du Cicéron de la Marne; elle décida souverainement qu'il était un sot.

Quand arriva son premier jour de sortie, il alla dîner chez une de ses tantes; là, comme il était bien fait, d'une jolie figure et de bonnes manières, il eut un certain succès; les dames dirent de lui beaucoup de bien et les jeunes filles en pensèrent encore plus. Il fut gai, on le trouva spirituel; il fut poli, on le trouva aimable ; *l'opinion* générale fut qu'il était un jeune homme fort distingué.

La distinction de ses manières ne l'empêcha point d'éprouver un échec devant la faculté des lettres à laquelle il demanda, un an après, le grade de bachelier. Six fois il tenta la même épreuve, et six fois le fatal rocher qu'il cherchait à soulever retomba sur sa tête. Il ne réussit qu'à la septième tentative; à l'école de droit, même revers. *L'opinion* des juges universitaires fut que son incapacité était radicale.

De guerre lasse, il dut se réfugier dans l'étude d'un agent d'affaires qui n'avait alors aucune réputation et qui finit par en avoir une mauvaise; les soupçons qui atteignaient le patron s'étendirent jusqu'au malheureux Adrien.

Bientôt ce fut encore pis. Les clients de l'agent d'affaires trouvèrent des fautes d'arithmétique dans ses comptes, de l'exagération dans le taux de ses honoraires, des lenteurs calculées dans ses paiements; ils s'en plaignirent; et l'homme de loi, indigné de leur ingratitude, passa en Belgique, emportant, par distraction sans doute, une partie notable des fonds qui lui étaient confiés.

Adrien, son commis, fut un instant perdu dans *l'opinion*.

Heureusement pour lui, il perdait lui-même vingt mille francs au départ de son patron; ce fait résulta clairement de l'examen des affaires de ce dernier qui, décidé à ne payer aucune de ses dettes, les avait notées avec beaucoup d'ordre. Dès qu'on sut dans le monde financier qu'Adrien était la victime et non le complice du nouvel habitant de Bruxelles, on lui rendit la justice qui lui était due, *l'opinion* lui revint.

Un banquier, intéressé dans la faillite en travaillant

avec lui, lui reconnut de l'intelligence et lui offrit une place dans ses bureaux. Adrien accepta, et surpassa l'idée qu'on s'était faite de son mérite ; au bout de quelques mois, admis dans l'intimité du banquier, il plut à sa femme, se fit aimer de sa fille et l'épousa.

Son beau-père étant mort peu de temps après, il se trouva maître d'une des plus belles fortunes de Paris ; bien qu'il la dût un peu au hasard, on l'attribua partout à son mérite ; ce mérite fut prôné par les gens qu'il avait à dîner ; et ces gens-là trouvèrent des échos dans tout Paris. Romainville redevint un des favoris de *l'opinion;* on lui proposa une candidature dans le collége d'Embrun ; il fit signe qu'il acceptait et fut nommé à une immense majorité.

Il devait grandir encore dans l'estime publique.

La session s'ouvrit ; il prit place à côté de Royer-Collard, puis à la première occasion, montant à la tribune, il improvisa contre le ministère une magnifique tirade d'invectives qu'un de ses camarades de classe lui avait élaborée à loisir. Il la récita sans faute, et comme d'ailleurs il avait une attitude superbe, des gestes magnifiques et une voix qui faisait trembler la salle, il eut un succès immense. La ville d'Embrun, glorieuse de son député, lui décerna les honneurs du triomphe. *L'opinion* le confondit avec les Laffitte, les Dupont de l'Eure.

Malheureusement sa gloire l'éblouit, la tête lui

tourna; il s'imagina avoir en propre le talent qu'on lui avait prêté; dans les bureaux de la chambre, il se hasarda à voler de ses propres ailes; et de la hauteur où l'erreur d'un moment l'avait élevé, il retomba lourdement dans la foule des députés les plus épais, bien entendu que sa chute fut notée par les journalistes avec cette charitable exactitude qui est le propre de ces messieurs; peu à peu Romainville qui se compromit par de nouveaux essais, baissa dans *l'opinion*, et il finit par n'avoir plus dans le monde parlementaire aucune consistance.

Soit dépit, soit calcul, il songea à déserter le camp de l'opposition : le moment était propice, la majorité ministérielle était chancelante, il se laissa deviner, on l'accueillit avec la joie qu'inspire une conversion éclatante. Comme l'expérience d'ailleurs l'avait éclairé, il garda un silence prudent, se mit à étudier quelques questions de chemins de fer et d'équipements militaires, et réussit à faire croire qu'il les comprenait aux esprits inattentifs qui sont toujours la masse d'une assemblée, il se réconcilia avec *l'opinion*.

Aujourd'hui on songe à l'envoyer au Luxembourg, c'est-à-dire dans cette assemblée que *l'opinion* absout de quelques faiblesses par respect pour les vieux services, les hautes connaissances et les loyales intentions de ses membres.

L'ÉLOQUENCE VIENT DU CŒUR.

ERNEST.

Oui, Quintilien dit vrai, l'éloquence vient du cœur.

ÉMILE.

Elle vient surtout de la tête, car la tête est le siége de l'intelligence, et l'intelligence c'est la raison, sans laquelle il n'y a pas d'éloquence.

ERNEST.

La raison est froide; c'est la lumière de l'âme, il est vrai, mais c'est une lumière qui éclaire sans échauffer, comme celle d'un soleil d'hiver.

ÉMILE.

Elle n'en est que plus propre à montrer la vérité.

ERNEST.

A la montrer à des philosophes, oui; mais ce n'est point aux philosophes que parle l'orateur, c'est aux masses qui sentent bien plus qu'elles ne comprennent.

ÉMILE.

S'il en est ainsi, tu devrais, pour être conséquent, avant l'éloquence de la raison, avant l'éloquence du cœur, placer l'éloquence qui s'adresse aux sens, dont tout le monde est pourvu, et qui par là se trouve à la portée de tout le monde. Ainsi, une voix forte et sonore, des gestes passionnés, un visage mobile, un extérieur imposant; voilà, d'après ton système, les qualités les plus essentielles à l'orateur, voilà ses premiers moyens de succès.

ERNEST.

Ne les déprécie pas : Démosthènes, à qui on demandait quelle est la première qualité de l'orateur? répondait : *l'action oratoire;* lui demandait-on ensuite à quelle qualité un orateur devait donner le second rang? il répondait : à *l'action oratoire;* avait-il, enfin, à indiquer la qualité oratoire à laquelle il assignait le troisième rang? il répondait : *l'action oratoire.* Et il passa dix ans de sa vie en exercices, en épreuves et en privations de tout genre qu'il jugeait propres à la lui procurer. Cicéron se condamna à un exil de six ans à Rhodes, pour arriver au même but; Massillon, à qui on demandait quel était le plus beau de ses sermons? répondait : celui que je débite le mieux. L'éloquence parlée de Mirabeau était de beaucoup supérieure à son éloquence écrite; l'action oratoire du missionnaire Bridaine explique seule ses succès qui tiennent du prodige.

ÉMILE.

D'après cela, pour exceller dans l'art oratoire, l'important ne serait pas de raisonner juste, parce que dans un auditoire il y a peu de philosophes, ni de chercher à émouvoir les âmes tendres qui sont aussi des natures privilégiées; il s'agit avant tout d'avoir le talent d'un acteur et de posséder cette éloquence du corps qui parle au corps.

ERNEST.

Il s'agit avant tout de s'emparer du principe même de nos déterminations, c'est-à-dire de notre volonté ; l'impression faite sur les sens est passagère, l'impression faite sur l'esprit est faible autant que bornée, mais tous les hommes à peu près sont susceptibles d'émotion, et cette émotion est presque toujours ce qui les fait agir; quelques hommes d'élite n'écoutent que leur raison ; quelques hommes matériels n'écoutent que leurs sens; mais les masses agissent généralement sous l'influence de leurs sentiments ou de leurs passions.

ÉMILE.

Ainsi l'orateur s'adresse au cœur, parce que les hommes sont plus souvent dupes de leur cœur que de leur esprit et de leurs sens. Sa raison de les attaquer sur ce point, c'est qu'ils sont sur ce point plus faibles que sur d'autres, c'est qu'il espère en avoir ainsi meilleur marché. Toute la question pour lui est une question de succès; il ne se préoccupe aucunement de la moralité de sa victoire; et les hommes qui ont défini l'orateur : un homme de bien qui sait parler, lui ont fait un honneur qu'il ne mérite pas.

ERNEST.

Au contraire, c'est précisément parce qu'il doit plaider constamment la cause de la morale qu'un orateur doit s'adresser au cœur, qui seul peut comprendre ce langage; on ne touche le cœur des hommes que par l'expression de ce qui est honnête, généreux, sublime. Les grandes pensées qui viennent du cœur, dit Vauvenargues, sont aussi les seules qui aillent au cœur. Il n'est pas possible de donner à une seule phrase un caractère éloquent, si cette phrase ne renferme un sentiment louable. Examine les plus admirables passages de nos chefs-d'œuvre classiques, tu reconnaîtras que partout les beautés littéraires sont des beautés morales. Pourquoi le *Qu'il mourût!* d'Horace est-il sublime? Parce qu'il est une inspiration de patriotisme; pourquoi le *Je suis chrétien!* de Polyeucte est-il plus sublime encore? Parce qu'il est une inspiration du christianisme. *La prière du vieux Priam au meurtrier de son fils Hector*, n'est-elle pas rendue éloquente par le dévouement paternel de celui qui la prononce? Otez aux paroles de *Joad* leur caractère religieux, ne leur ôterez-vous pas leur éloquence? Otez à la passion de *Phèdre* le remords qu'elle en éprouve; sa *douleur*, en cessant d'être *vertueuse*, cessera de nous émouvoir et de nous paraître admirable.

DIALOGUE SUR LE MALHEUR DES GENS D'ESPRIT.

ALFRED.

Chose étrange! un des hommes qui a eu le plus d'esprit, Montesquieu, a déploré le malheur des gens d'esprit. Ecoute-le : « l'homme d'esprit, dit-il, sûr de plaire quand il voudra, néglige trop souvent de le faire; il est porté à la critique, et par là il excite des haines; enfin il ruine presque toujours sa fortune, parce que son esprit lui fournit pour cela un plus grand nombre de moyens. » A mon humble avis, ce n'est là qu'un paradoxe.

EUGÈNE.

Au mien, c'est une vérité; l'esprit porte malheur, et il est heureux qu'il soit rare.

ALFRED.

S'il est un fléau, pourquoi est-il si estimé? pourquoi chacun de nous veut-il être un homme d'esprit ou passer pour tel? On trouve des gens qui s'avouent pauvres; on en voit qui conviennent de leur naissance obscure; il y a des savants qui confessent ignorer certaines choses: ce qu'on ne voit pas, c'est un homme qui manque d'esprit et qui convienne du fait.

EUGÈNE.

Cet homme est comme le berger de Virgile, il ignore son bonheur. L'esprit, vois-tu, n'est habile qu'à juger des surfaces et des apparences; ce qui est profond échappe à sa vue, ce qui est élevé échappe à sa portée; il brille, comme le soleil d'hiver, sans donner de chaleur. Il a de la finesse, mais non de la force; léger papillon qui va gracieusement de fleurs en fleurs, et non un aigle puissant qui brave la tempête et monte jusqu'au ciel. Ce n'est point à l'aide de l'esprit que Newton a sondé les profondeurs de la science, que Bossuet a donné l'éclat de la foudre à son éloquence, et que Châteaubriand a conquis, de nos jours, la souveraineté de la parole. L'esprit nuit au talent, c'est là son premier tort.

ALFRED.

Ainsi, c'est avec une prudence toute maternelle que l'Université a écarté de ses chaires les gens d'esprit, pour y appeler uniquement des Vadius et des Gérondif?

EUGÈNE.

Sans doute, et cela est sage; les seuls professeurs qui puissent impunément montrer de l'esprit sont les professeurs de faculté, et encore voit-on qu'ils n'abusent pas de la permission.

ALFRED.

Parles-tu sérieusement?

EUGÈNE.

Oui, l'esprit égaie, la gaîté distrait, et quand il y a distraction dans une classe, il y a bientôt indiscipline; un maître qui a ri ou fait rire, est un maître désarmé; il prend l'hilarité de ses élèves pour un hommage rendu à son esprit, et la force lui manque pour la réprimer; sa vanité est complice du désordre. Supposons qu'un professeur soit un homme d'esprit; il réussira d'abord, à cause de la nouveauté; mais quand sera arrivé le jour des examens du baccalauréat, de l'Ecole militaire, de l'Ecole navale, de l'Ecole polytechnique, de l'Ecole normale, qu'on ne peut soutenir sans connaissances sérieuses et positives, ses élèves, qu'il aura divertis au lieu de les instruire, se verront arrêtés dans leur carrière. L'esprit nuit au travail, c'est le second de ses inconvénients.

ALFRED.

L'esprit, au contraire, est le repos du travail, qu'il rend plus facile, plus doux et plus fructueux; et puis il est le charme de la société, pour laquelle nous sommes faits.

EUGÈNE.

Il n'y a plus de ce qu'on appelait jadis société; il n'y a plus de cours pour les Sévigné, plus de cercles aristocratiques pour les baronne de Staël, plus de salons même de bonne compagnie pour les causeurs ordinaires. La portion de la société qui causait le plus volontiers et le mieux, les femmes, dans nos réunions actuelles, en sont réduites à nous écouter parler politique, chemins de fer et cours de la Banque, et cotes de la Bourse, ou à causer entre elles. Or, leur conversation souffre de notre absence; les sujets d'épigrammes, quand nous ne sommes pas là, lui manquent; elle est moins gaie, et la nôtre, à nous, est moins vive, faute de contradictions. L'esprit a donc perdu une partie de sa puissance, parce qu'il a moins d'occasions de se montrer.

ALFRED.

Du moins, il lui reste un emploi, celui de servir

à la défense des mauvaises causes, comme celle que tu plaides en ce moment.

EUGÈNE.

C'est la raison seule qui me donne des armes, et je n'ai pas encore fait usage des plus solides; car, sois-en bien persuadé, l'esprit qui affaiblit l'intelligence, affaiblit plus encore la volonté; il est trop occupé des petites choses pour avoir la puissance des grandes; il est trop habitué à se baisser, à se plier, à se contraindre, par besoin de plaire, pour avoir de la dignité dans le caractère, de l'énergie dans ses résolutions.

ALFRED.

Tu vas me faire d'un homme d'esprit un méchant homme!

EUGÈNE.

A peu près; la médisance, la calomnie, les récits scandaleux, les suppositions malignes; voilà les moyens de succès dans un monde où l'on ne rit guère qu'aux dépens d'autrui; cela est si vrai, que les types les plus vrais de la perversité humaine, les don Juan, les Cléon, les Mephistophélès sont les êtres les plus spirituels et les plus gais du monde: l'esprit est un instrument de dommage.

ALFRED.

Il fait rire tout le monde et ne blesse personne.

EUGÈNE.

Il est amené à faire du mal par l'habitude d'en

dire, et, peu à peu, les défauts de l'esprit deviennent des vices du caractère ; il y a plus, l'homme d'esprit est porté à être méchant par la facilité même qu'il a de l'être impunément. Il commet plus de fautes qu'un autre, parce qu'il y a des fautes qui ne sont point à la portée de la sottise. Qu'il excite une émeute, il y assistera du haut de sa croisée, et verra sans péril le châtiment de ses agents. Il ose tout, parce qu'il est sûr d'échapper à tout; voilà ce qui a fait perdre à l'esprit une grande partie de l'estime qu'on avait pour lui; les choses en sont venues au point que, pour caractériser un écureuil politique qui a sauté d'une opinion à une autre, suivant les circonstances, on dit : c'est un homme d'esprit; que, pour caractériser un industriel qui, chargé des affaires d'autrui, les a ruinées en faisant les siennes, on dit : c'est un homme d'esprit, que, pour désigner un homme qui a manqué de cœur dans une circonstance critique, on dit : il s'en est tiré en homme d'esprit.

ALFRED.

Si un homme d'esprit a dans l'imagination plus de ressources qu'un autre, il peut aussi employer ces ressources à se donner une belle position, une belle fortune.

EUGÈNE.

Du tout; il a horreur des travaux sérieux, de la vie régulière et du tracas des affaires; il lui faut le monde, pour y briller ; dédaigneux d'une gloire de province, il lui faut Paris, et à Paris les réputations sont hors de prix. La mise élégante, les belles manières, les façons d'homme comme il faut, les emprunts des amis intimes expédient en peu d'années les plus belles fortunes, si bien qu'après de beaux succès de salons, on tombe des hauteurs de la gloire à Sainte-Pélagie ou dans l'étude d'un huissier chargé de vous exproprier. Or, dans les mains d'un geôlier ou d'un procureur, qu'est-ce qu'un homme d'esprit?

ALFRED.

Mais il reste à l'homme d'esprit ruiné ce qu'il restait à Médée après tous ses malheurs; il a mille moyens de réparer ses pertes, que lui fournit une riche imagination, et dont ses nombreuses connaissances lui aident à tirer parti. Négociant, industriel, homme de lettres, il voit de prime-abord quels sont ses moyens de succès, il franchit l'espace que la médiocrité parcourt.

EUGÈNE.

Erreur! en affaires, l'esprit fait obstacle; il les gâte par le nombre des expédients même auxquels il recourt et par la rapidité même avec laquelle il en presse la réussite; et puis, un savant sait ce qu'il a de science, un commerçant ce qu'il a de crédit, un propriétaire ce qu'il a de capital; aucun d'eux ne va au-delà de ses moyens; mais un homme d'esprit ne sait point ce qu'il en a, et sa hardiesse dépasse ses forces; de là de ruineux mécomptes. N'oublions pas de dire que, par vanité, il veut se distinguer, quitter les routes battues et faire des essais dont il paie les frais et laisse les bénéfices à autrui.

ALFRED.

Te voilà comme Horace faisant l'éloge de la médiocrité.

EUGÈNE.

Pourquoi pas? Un homme vulgaire sous ce rapport, plus qu'un autre, s'attache au travail, consulte l'expérience, et réussit en se guidant sur ceux qui ont réussi avant lui; comme il n'a point les faiblesses de la vanité, il ne quête point ni les suffrages des journaux, ni les prix Monthyon, ni les primes des sociétés d'encouragement; mais il s'achète des fermes, il se donne des rentes, il arrondit doucement sa petite fortune, et il est des gens que cela console. Sont-ce des gens d'esprit qui dirigent bien un comptoir de banque, une étude de notaire, un cabinet d'affaires, une maison de commerce, un service de chemins de fer? Non, non, le travail, l'ordre, l'économie ; voilà des moyens de fortune plus sûrs que l'esprit. L'esprit aujourd'hui ne sert plus qu'à faire entrer à l'Académie, et encore y arrive-t-on sans cela.

ALFRED.

Mais au moins un homme d'esprit s'amuse, car le plaisir qu'il fait double celui qu'il a ; sa vie est une longue série de jouissances intellectuelles.

EUGÈNE.

Il est, au contraire, le plus malheureux des hommes et le plus rudement occupé des ouvriers. Que d'efforts pour captiver l'attention! que de peines pour plaire aux uns, sans offenser les autres! que de sacrifices aux idées, aux préjugés, aux passions de ceux dont on ambitionne le sourire! Est-il un esclavage pareil à celui d'un homme d'esprit condamné à en avoir toujours et pour tout le monde? Quoi de plus vrai que le mot de Talleyrand à ceux qui s'étonnaient de le voir écouter un sot : *Cela me repose.* Crois-moi, la sottise elle-même a du bon. Un sot, dans le monde, est à son aise, il est parmi ses pairs; tout ce qu'il dit est tout naturellement du goût de la majorité. Aussi voit-on qu'il a généralement l'air d'un homme content de lui-même, le teint reposé, les joues prospères. Loin de lui les soucis de la vanité, les fatigues de la réflexion; à lui les joies paisibles de la vie, les délices du sommeil, les béatitudes de la table, le bonheur domestique; car l'homme d'esprit, lui, n'a point de famille; ce n'est ni devant sa femme, ni devant ses enfants qu'il peut faire briller son esprit; il vit loin d'eux, les néglige, perd leur affection en leur refusant la sienne. Et dans les salons où il passe sa vie, pour prix de quelques succès que l'envie lui dispute, il trouve l'indifférence, le ressentiment, les défiances et la haine, car on hait celui que l'on craint.

DIALOGUE DES MORTS.

Un homme oublié dans une galerie remplie de statues et de tableaux s'y endormit, et dans l'illusion d'un songe, il lui sembla qu'il se promenait au milieu des morts que le pinceau du peintre ou le ciseau du statuaire avait rendus vivants ; aussi ne fut-il point étonné d'entendre ces derniers répondre à ses questions. A chacun d'eux il demandait deux choses : ce qu'il avait fait de bien, et le prix qu'il en avait reçu. Nous ne citerons que les réponses qu'il obtint ; la forme qu'il donnait à ses interrogatoires ayant été toujours la même.

HOMÈRE.

J'ai fait l'*Iliade* et j'ai manqué de pain.

EURIPIDE.

Toute la Grèce a pleuré à mes tragédies, et j'ai été réduit à m'exiler sur une terre étrangère.

SOPHOCLE.

On m'a couronné comme le premier des poëtes tragiques, et j'ai été traîné aux pieds du tribunal, comme imbécille, par mes enfants.

PINDARE.

J'ai porté la poésie lyrique à toute sa hauteur, et ma muse a été obligée de mendier le pain d'Hiéron.

VIRGILE.

J'ai fait l'*Énéide*, et ma vie n'a été qu'une longue souffrance.

HORACE.

J'ai fait des chefs-d'œuvre, mais j'ai dû les consacrer à la gloire de deux ou trois misérables pour me les faire pardonner.

DANTE.

J'ai fait la *Divine Comédie ;* mais à la manière dont j'ai peint la souffrance, on peut voir ce que j'ai souffert.

TASSE.

J'ai été un homme de génie, on m'a emprisonné comme fou.

CORNEILLE.

On m'a donné le surnom de Grand, et on me laissait venir à pied de Rouen à Paris chercher les 600 fr. que me valait ma tragédie d'Horace.

RACINE.

J'ai été la gloire du plus beau siècle de la littérature, et j'ai été frappé au cœur par un roi à qui je donnais un sublime témoignage d'affection.

BOILEAU.

Tout mon mérite n'a pu me faire porter par la cour à la hauteur de Chapelain.

MOLIÈRE.

Mon génie a été celui de la comédie elle-même, et il a fallu un siècle de réflexion à la France pour penser à m'élever un tombeau.

LAFONTAINE.

Mes fables sont d'inimitables productions, et sans

Boileau et quelques amis, on ne s'en serait pas douté; comme, sans Mme de La Sablière, j'aurais manqué de pain.

MILTON.

Mon génie a été celui d'Homère, quand Homère est sublime. J'ai vécu pauvre, je suis mort aveugle, et je dois ma gloire à la critique d'Addisson.

KLOPSTOK.

J'ai fait la *Messiade*, mais je l'ai faite dans une langue étrangère à ceux qui pouvaient le mieux me juger.

SHAKESPEARE.

Poëte sublime et misérable histrion; j'ai enduré le supplice de Mézence.

LE CAMOENS.

J'ai chanté dans ma *Lusiade* la gloire du Portugal, et le Portugal m'a laissé mourir à l'hôpital.

Passons aux philosophes.

PYTHAGORE.

J'ai étendu l'humanité jusqu'aux animaux, et j'ai été brûlé vif par les Crotoniates.

SOCRATE.

J'ai fait parler à la morale le langage le plus élevé et le plus pur qu'elle ait jamais parlé parmi les hommes, et j'ai été condamné à boire la ciguë par les Athéniens.

ZÉNON.

J'ai fait pratiquer les vertus que d'autres ont enseignées; mais, après avoir recommandé le mépris de la douleur, j'ai été vaincu par elle, je me suis empoisonné et j'ai cherché dans le tombeau un refuge contre l'infortune.

GALILÉE.

J'ai expliqué le système du monde ; on m'en a puni par trois ans de prison.

PASCAL.

Mes pensées tiennent moins de l'homme que de Dieu. Je suis mort fou.

MALLEBRANCHE.

J'ai passé mes jours dans la recherche de la vérité. Je suis mort fou.

NEWTON.

Après avoir montré jusqu'où peut aller la raison humaine, j'ai perdu la mienne, je suis mort fou.

Passons aux orateurs.

PHOCION.

Le plus grand des orateurs a dit que mes discours étaient la hache des siens; les Athéniens que j'avais voulu sauver m'ont fait mourir par le poison.

DÉMOSTHÈNES.

La puissance de mon éloquence a été si grande qu'elle a fait dire à Philippe : « Je ne crains ni les Athéniens, ni les Grecs ; je ne crains que Démosthènes; » et j'ai été réduit à m'empoisonner dans le temple de Neptune.

CICÉRON.

J'ai mérité et obtenu le titre de père de la patrie,

et ma tête a été clouée à cette même tribune aux harangues d'où ma voix avait lancé la foudre sur la tête de Catilina et d'Antoine.

LORD CHATAM.

J'ai conquis la palme de l'éloquence, et cette conquête m'a coûté la vie ; le jour de ma victoire sur un ministère insensé a été la veille de ma mort.

PITT.

J'ai épuisé ma vie dans une lutte contre le César des temps modernes, et je suis mort en doutant de ma victoire.

MIRABEAU.

J'ai été le génie des tempêtes politiques, le tribun des deux mondes, le Prométhée qui ai allumé l'incendie des révolutions, et je suis mort enseveli dans mon triomphe.

LES GIRONDINS.

Nous avons eu la puissance de la parole, la gloire du dévouement politique et la force même de la révolution française ; et quelques brutes sans talent, sans mérite et sans crédit nous ont réduits à nous tuer de désespoir.

Passons aux grands capitaines.

THÉMISTOCLE.

J'ai sauvé la Grèce à Salamine ; je suis mort exilé par elle chez les Perses que j'avais vaincus.

ALEXANDRE.

Après avoir conquis un monde, après m'être fait

adorer comme un dieu, après avoir imposé silence à l'univers, je suis mort de la mort d'une brute.

CÉSAR.

J'ai soumis les Gaules, vaincu Pompée, asservi Rome; et je suis mort assassiné de la main de Brutus, mon fils.

AUGUSTE.

J'ai été le plus puissant des rois, et le plus malheureux des hommes.

CHARLEMAGNE.

J'avais fondé un immense empire; mais avant de mourir j'ai pleuré sur sa chute, que j'ai prévue.

HENRI IV.

J'ai eu la domination du monde germanique, et j'ai fini par demander, sans l'obtenir, une place de chantre au lutrin dans l'église cathédrale de Spire.

CROMWELL.

Je suis sorti d'une brasserie pour monter sur le trône d'Angleterre; tout m'a été possible, excepté de dormir paisible.

NAPOLÉON.

Austerlitz. — Sainte-Hélène.

Il restait à interroger les statues des martyrs de la science, des apôtres de la vérité, des bienfaiteurs de l'humanité; une croix s'offrit aux regards du voyageur nocturne, et il comprit qu'il ne devait pas aller chercher plus loin l'enseignement qu'il demandait. Jésus-Christ crucifié par les hommes qu'il était venu sauver, lui apprenait quel est le sort de la vertu sur la terre.

DIALOGUE SUR L'HISTOIRE.

PAUL.

Je me lasse d'étudier l'histoire; c'est un chaos où je demande en vain que la lumière se fasse.

HENRI.

L'histoire est, au contraire, une série de faits parfaitement liés qui naissent les uns des autres, et qui s'enchaînent dans un ordre parfaitement logique.

PAUL.

Tout marche dans ce monde au gré du hasard; les caprices de la fortune, les passions des hommes, les influences physiques; voilà les vraies causes des événements.

HENRI.

La vie des nations, pas plus que la vie des individus, ne se soutiendrait, si elle n'avait en elle-même des conditions de durée; mais l'existence d'une nation est protégée comme l'existence d'un homme, elle est soumise à de certaines lois, elle se développe suivant certaines conditions.

PAUL.

C'est là une conjecture.

HENRI.

C'est un fait; je pourrais l'affirmer sur la foi de la Providence qui doit veiller au maintien de ce qu'elle a créé, et qui, ayant établi les lois qui font exister l'homme, doit avoir établi les lois qui font exister les familles, les sociétés et l'humanité tout entière. Quand il s'agit des hommes, un raisonnement fondé sur l'analogie n'est pas rigoureux sans doute, mais quand il s'agit de Dieu, il a beaucoup de force; toutefois je vais demander à l'histoire elle-même des preuves à l'appui de mon assertion.

PAUL.

Je t'écoute.

HENRI.

Considère les peuples à leur origine, et suis-les jusqu'à leur disparition au milieu des peuples nouveaux; tu reconnaîtras qu'ils ont eu, comme l'homme lui-même, une enfance, une adolescence, une virilité et une vieillesse; tu reconnaîtras qu'à chacun de ces âges, ils ont eu les besoins et les passions qui marquent les quatre périodes de la vie humaine.

PAUL.

J'en doute.

HENRI.

L'ignorance de l'enfant lui fait demander la lumière. Sa faiblesse lui fait sentir le besoin de protection, et la simplicité de son cœur le dispose à la confiance, c'est-à-dire à la foi, si l'on prend ce mot dans son acception la plus large. L'enfance est donc de sa nature religieuse; eh bien, tu vois la religion debout auprès du berceau de tous les peuples; la première époque de leur histoire est une époque sacerdotale; les premiers instituteurs des peuples ont été les dactyles en Crête, les curètes en Phrygie, les choens en Égypte, les brames dans l'Inde, les prêtres chez les Juifs, les mages dans la Chaldée, les druides chez les Gaulois, les scaldes chez les Scandinaves; Amphyction chez les Grecs, Numa chez les Romains, ont également donné à leurs lois la religion pour base. Enfin, le christianisme a béni la naissance du monde moderne.

PAUL.

Arrive au second âge de la vie humaine.

HENRI.

Ce qui est dans le jeune homme besoin de mouvement, inquiétude de l'esprit et ambition d'étendre sa force en la déployant, est dans un peuple nouveau qui croît et s'élève le feu de l'ardeur guerrière; aussi remarque-t-on que la période théocratique a été suivie chez la plupart des peuples par un âge héroïque; par l'âge des Sésostris en Egypte, par l'âge des Hercule, des Jason, des Thésée, etc., chez les Grecs; par l'âge des consuls conquérants et des tribuns séditieux chez les Romains; par l'âge de la guerre cimbrique chez les Scandinaves; par l'âge des grandes invasions chez les adorateurs d'Irmensul et de Teutatès; par l'âge des preux, des paladins, chez les Francs. Sans doute, tous ces rapprochements ne sont pas rigoureusement exacts, les mêmes faits ne se reproduisent point partout aux mêmes époques, avec les mêmes caractères et dans les mêmes circonstances; ici l'enfance est plus longue; là, l'énergie de la jeunesse est comprimée par quelques obstacles; tel peuple atteint la vieillesse, tel autre est caduc dès l'enfance. La vie des peuples diffère comme celle des individus. Mais, dans son ensemble, mon observation est juste.

PAUL.

Poursuis; ton système acquiert quelque vraisemblance.

HENRI.

Au règne des passions, succède chez un peuple, comme dans un homme, celui de la raison; aussi voit-on les peuples arrivés à leur maturité se préoccuper surtout de leurs institutions et de leurs lois. Ainsi firent les Grecs après Lycurgue et Solon; ainsi firent les Romains après les décemvirs; ainsi après les paladins, successeurs des guerriers religieux de la croisade, nous avons eu en France le règne des légistes; ainsi les barons anglais, las de guerroyer entre eux ou contre leurs rois, demandèrent au droit et à la charte du roi Jean de régulariser leur gouvernement et de sauvegarder leurs libertés.

PAUL.

Ne va pas plus loin; je reconnais, sans ton secours, que la vieillesse d'un peuple et celle d'un homme s'annoncent à peu près par les mêmes symptômes, par l'épuisement des forces, par la recherche des plaisirs de l'esprit, par le goût des jouissances matérielles, par la soif de l'or, par le besoin de repos. Ainsi ont été les Grecs de Périclès, les Romains de l'empire, les Anglais sous Élisabeth et les Stuarts, les Français sous Louis XIV et Louis XV, jusqu'à ce que l'invasion des Macédoniens et l'invasion des Barbares aient fait disparaître le monde grec et le monde romain, jusqu'à ce que la révolution de 1688 et la révolution de 1789 aient, chez nos voisins et chez nous, formé une nation nouvelle avec les éléments de l'ancienne. Parmi les nations, les unes meurent, les autres ressuscitent; ainsi un chêne vieilli, tombe en une poussière que le vent emporte et disperse, tandis qu'un autre, également abattu par le temps, revit dans les rejetons qui s'élèvent de ses racines.

HENRI.

Dieu, pour ranimer ce qui s'éteint, pour assainir ce qui est corrompu, pour fortifier ce qui languit, pousse les populations jeunes et vigoureuses vers les populations usées et décrépites; tantôt il chasse les barbares du nord vers les peuples trop civilisés du midi, tantôt il attire dans le nord les colonies civilisatrices du midi, mélangeant ainsi les races et corrigeant un élément par un autre. Suis les peuples dans diverses migrations, tu verras tous les conquérants partir du nord, comme Cyrus, qui descend des montagnes de la Perse et de la Médie vers le midi de l'Asie; comme Philippe, qui sort de l'Épire, de la Macédoine et de la Thrace, pour envahir la Grèce méridionale; comme Alexandre, qui poursuit la même route avec plus de succès encore; comme les Romains, pour qui les conquêtes asiatiques sont aisées, et qui luttent avec tant de peine contre les Gaulois d'Arioviste, les Bataves de Civilis, les Germains d'Arminius, et les Bretons de Galgacus; comme les Barbares, qui descendent de la Chersonèse cimbrique ou du plateau de la Tartarie pour envahir le monde romain; comme Tamerlan et Gengiskan, qui, du milieu de l'Asie, se dirigent vers son midi. Suis, au contraire, les émigrations coloniales, tu les verras presque toutes marcher dans un sens opposé; ainsi la Phénicie envoie d'Afrique, des colonies en Europe, en Grèce, en Espagne; ainsi la Grèce, à son tour, peuple de ses colonies les bords de la mer Noire et l'Italie; ainsi Venise et Gênes vont porter partout leur industrie, en attendant que les Espagnols, les Portugais, les Hollandais, les Anglais, suivent en cela leur exemple. Dieu mélange les nations comme il mélange les eaux de l'Océan; les unes et les autres obéissent à son impulsion et suivent, dans leurs mouvements les plus désordonnés en apparence, les lois fixes qu'il a posées pour la conservation du monde; il n'y a pas plus de hasard, de confusion et de désordre dans les révolutions politiques, dans une invasion, une conquête, une émigration, que dans un ouragan qui agite les airs et dans une tempête qui bouleverse les flots. L'histoire n'est donc pas, comme tu le disais, une série de faits que le hasard amène et dont on ne peut tirer aucun enseignement.

DIALOGUE SUR LA VIE HUMAINE.

— Qu'est-ce que la vie?

PYTHAGORE.

C'est une halte dans ce monde, au sortir d'un monde antérieur, et à l'entrée d'un monde ultérieur.

PLATON.

C'est une manifestation de la Divinité.

ÉPICURE.

C'est une partie de plaisir.

LUCRÈCE.

C'est un effet du hasard, une force cachée.

PINDARE.

C'est le rêve d'une ombre.

SAINT PAUL.

C'est une préparation à la mort.

BICHAT.

C'est un ensemble de fonctions qui résistent à la mort.

PYRRHON.

C'est une apparence.

DIDEROT.

C'est le mouvement d'une montre qui s'arrête à la mort.

SAADI.

C'est une course du berceau à la tombe.

JÉSUS-CHRIST.

C'est une lutte dont le prix est au ciel.

DIALOGUE

SUR LA PUISSANCE POLITIQUE DE LA RELIGION.

MAURICE.

La religion n'est pas seulement une puissance *morale* qui règle les pensées, les sentiments et les actions de chaque *homme;* elle est aussi une puissance *politique* dont un *gouvernement* doit tenir compte, et une puissance *sociale* qui influe sur le bonheur de l'*humanité* tout entière.

HENRI.

Un prêtre doit se renfermer dans le sanctuaire.

MAURICE.

A-t-il tort d'en sortir pour se rendre au lit d'un mourant dans une famille; auprès d'un condamné dans une prison; auprès d'un malade dans un hôpital; auprès d'un blessé sur le champ de bataille; auprès d'un enfant dans une école; auprès d'une peuplade de sauvages dans les forêts du Nouveau-Monde?

HENRI.

Mais du moins qu'il se renferme dans ces travaux

purement évangéliques ; il est le ministre de la loi religieuse, et non le ministre de la loi humaine.

MAURICE.

La religion qu'il prêche est la seule base solide de la morale, et la morale est elle-même la seule base de toute loi humaine. Où as-tu vu que l'Église fût inhabile à donner des lois politiques et civiles? Est-ce que les Capitulaires de Charlemagne, est-ce que les établissements de Saint-Louis ne sont pas l'ouvrage d'assemblées religieuses où siégeaient en majorité des évêques? Est-ce que les canons des conciles, de ceux de Tolède par exemple, n'ont point en partie passé dans les codes mêmes qui nous régissent aujourd'hui, comme l'ont remarqué les Savigny, les Guizot et les Michelet?

HENRI.

Eh bien, que les prêtres fassent des lois, soit, mais qu'ils ne se mêlent pas de les appliquer; qu'ils donnent des règles de gouvernement, mais qu'ils ne gouvernent pas. A eux la parole, à nous l'action.

MAURICE.

Est-ce que les saint Prétextat, les saint Colomban, les saint Léger, sous les Mérovingiens; est-ce que les Hincmar, les Wolsey; est-ce que les Suger, les Ximenès, les Richelieu, les Gonzalvi ont été des ministres sans génie politique?

HENRI.

Je te passe des ministres ecclésiastiques, de loin

en loin, et s'ils sont hommes du monde; mais ce que je n'entends pas, c'est que la royauté elle-même soit dominée par l'Église, c'est qu'un roi obéisse à des prêtres.

MAURICE.

L'Église et les prêtres ne le veulent pas plus que toi; cependant tu n'ignores pas que la tête du plus fier des Sicambres s'inclina sous la main du saint évêque Remi, et qu'à ce prix seulement, Clovis put fonder la première dynastie. Tu n'ignores pas non plus que le fondateur de la dynastie carlovingienne, Pépin, ne fut roi que de l'aveu du pape Zacharie. Tu sais également que le fondateur de la dynastie capétienne, Hugues-Capet, fut avant tout l'homme du clergé, abbé de Saint-Denis et de Saint-Martin. Enfin, tu sais que Napoléon demanda aussi à la religion de bénir son avénement au trône, et qu'à l'exemple de Charlemagne, il se fit sacrer empereur par le chef même de l'Église.

HENRI.

Voilà des faits qui semblent te donner gain de cause, mais ce sont des faits exceptionnels et pris dans le cercle assez étroit de notre histoire nationale; c'est un horizon plus vaste qu'il faut embrasser; c'est le monde qu'il faut considérer, c'est l'humanité même qu'il faut voir.

MAURICE.

Plus j'embrasserai un vaste horizon, plus j'aurai

sous les yeux d'époques et de contrées; plus j'y découvrirai de preuves à l'appui de mon opinion. Je ne crains pas de le dire : tout ce qui s'est fait de grand dans le monde, s'est fait sous l'influence de la religion. Vois d'abord l'ancien monde : sont-ce les grands conquérants, les Sésostris, les Cyrus, les Alexandre, les César, les Attila qui l'ont changé? Nullement, ce sont les conquérants religieux, ce sont les Moïse, les Amphyction, les Zoroastre, les Confutzée, qui ont renouvelé la face de la terre, qui ont rapproché ce que les autres avaient désuni, et qui ont été ainsi les véritables fondateurs des sociétés antiques. Vois le moyen âge : quelles révolutions politiques ont eu la grandeur de l'établissement du christianisme? Quelles guerres ont eu l'importance des guerres de l'islamisme? des guerres des croisades? de la lutte du sacerdoce et de l'empire? de la guerre contre les Albigeois, de la guerre contre les Maures, en Espagne, des guerres de la Ligue en France, de la guerre de Trente Ans en Allemagne, qui eurent toutes un caractère religieux? La religion a-t-elle été étrangère aux grands événements de l'histoire moderne? N'est-ce pas surtout la lumière de la foi que voulaient porter aux Indes orientales Vasco de Gama, et aux Indes occidentales Christophe Colomb? Le concile de Trente a-t-il moins fait pour la paix du monde que le traité de Westphalie? Le concordat de 1801 n'a-t-il pas donné même à la révolution française une conséquence religieuse? La révolution qui s'était faite homme dans la personne de Bonaparte n'a-t-elle pas prosterné sa victoire aux pieds du vieillard qui représentait l'Église?

N'est-ce pas aujourd'hui un pape qui, du haut du Vatican, envoie des paroles de liberté à la *ville* et au *monde*.

DIALOGUE

SUR CETTE PAROLE DE L'ÉCRITURE SAINTE :

« Dieu a créé le monde à son image et ressemblance. »

CYPRIEN.

Notre aumônier nous l'a dit, à sa dernière conférence : « L'homme a été créé à l'image de Dieu. » Je le crois sur la foi des saintes Écritures et de l'Église, mais cette foi est aveugle, car humainement je n'ai aucune autre raison de me croire semblable à Dieu, à Dieu qui est tout à la fois *puissance*, *amour* et *intelligence*.

ÉMILE.

Il y a pourtant en toi une sorte de trinité, image imparfaite sans doute, mais image réelle de la trinité divine. Il y a en toi un principe *intelligent* parfaitement distinct du principe *aimant* et non moins distinct du principe actif ou *puissant* que tu possèdes également.

CYPRIEN.

Il est vrai ; j'ai une *tête* pour *comprendre*, un *cœur* pour *aimer*, un *bras* pour *agir*. J'ai tout à la fois, la force de la *pensée*, la force des *affections* et la force du *mouvement*.

ÉMILE.

Il y a plus, il est impossible de comprendre l'homme sans la réunion de ces trois principes ; tous trois concourent à le former, et tous trois restent en lui distincts. Tous les trois sont nécessaires à son essence, et néanmoins lui reste *un être simple* en les réunissant tous les trois. Toute démonstration de ce fait est même inutile, car nous le sentons vrai par nous-mêmes ; nous y croyons d'une foi invincible, nécessaire, inexpugnable.

CYPRIEN.

Sans doute, voilà ce qui a fait dire à un poëte qui définissait Dieu :

« La puissance, l'amour avec l'intelligence,
« Unis et divisés composent son essence.

ÉMILE.

Cette définition de Dieu est aussi celle de l'homme qu'il a créé à son image ; que dis-je, le soleil, *cette ombre de la lumière divine*, est également une sorte *d'unité ternaire*, une image de l'homme, un emblème de la Divinité. Il a en effet le *mouvement*, qui est le signe de la *force*, la *chaleur*, qui est le symbole de *l'amour*, et la *lumière*, qui est l'image de *l'intelligence*.

CYPRIEN.

Enfin, nous pourrions ajouter que l'œil de l'homme est à son tour *ternaire* et *un* comme le soleil, que son regard est *mobile, affectueux et intelligent*. Nous sommes donc conduits à croire le mystère de la trinité divine, par cela même que nous sommes forcés de croire au mystère de la nôtre.

L'homme est encore l'image de Dieu par sa force créatrice.

Sa pensée crée des chefs-d'œuvre dans le monde intellectuel ; sa main crée des monuments dans le monde matériel ; son cœur opère des prodiges de foi, d'amour et de dévouement dans le monde moral.

Lui aussi peut dire : Que la lumière soit, et la lumière se fait ; car, par sa seule volonté, il oblige sa paupière à se lever, et le magnifique spectacle du monde se déploie devant lui, la matière lui obéit.

Lui aussi peut dire à l'intelligence de l'ignorant : Ouvre-toi ; avec le souffle de sa parole il échauffe, il éclaire, il anime une intelligence jusqu'alors inerte ; l'intelligence lui obéit.

Lui aussi peut dire : Aimez-vous les uns les autres ; à l'exemple d'un Dieu mort pour nous sur la croix, il a enseigné par son dévouement l'amour de la famille, de la patrie et de l'humanité ; le cœur lui obéit.

PIÈCE

JOUÉE LE JOUR DE LA DISTRIBUTION DES PRIX

Par les Élèves d'un Pensionnat de jeunes filles

A VERSAILLES.

ANNÉE **1846.**

Le théâtre représente un parloir et un jardin qui en est voisin.

SCÈNE I.

MADELEINE (portière) ET MAXIMILIENNE.

MADELEINE appuyée sur mon balai.

Calculons..... trois commissions qui m'ont été payées vingt sous chacune ; c'est bon, si vous voulez ; mais, autrefois, le monde était plus généreux.

MAXIMILIENNE.

Tenez, Madeleine, voici un petit paquet que maman doit envoyer prendre..... Mais, vous voilà à l'ouvrage de bonne heure.

MADELEINE.

Dam! mamzelle Maximilienne, c'est que la distribution des prix approche; les parents vont venir en grand nombre, et y faut qu'tout soit propre pour leur donner bonne opinion d'la maison. Dans ce monde, voyez-vous, les apparences, c'est beaucoup, ou pour mieux dire, c'est tout. Que ma loge soit propre, que la cour soit ben balayée, que les escaliers soient ben cirés, que l'jardin soit ben sablé, en vlà assez pour qu'on dise : cette maison est ben tenue, j'y mettrai ma fille. Aussi, voyez-vous, depuis que j'suis ici, tout le monde nous arrive, la maison réussit. Et, si j'avais de la vanité !.....

MAXIMILIENNE.

Avec cela, vous êtes très-complaisante pour les pensionnaires.

MADELEINE.

Dam! c'est mon devoir. Après cela, vous me direz, qui n'y a des parents ben honnêtes, qui reconnaissent mes petits services; les vôtres, par exemple.

MAXIMILIENNE.

Mais, c'est juste, au fonds.

MADELEINE.

Croiriez-vous néanmoins qui y a des gens qui vous font aller et venir, sans tant seulement vous dire, merci; qui viennent en voiture avec de beaux cachemires, et qui n'ont pas assez d'ça pour voir qu'on leux zy fait la révérence..... Je n'omme personne; mais, mamzelle Amélie qui n'a qu'du mépris pour l'pauvre monde... J'en connais d'autres encore... et, si j'étais mauvaise langue!.....

MAXIMILIENNE.

Toutes les pensionnaires vous aiment et vous parlent avec douceur.

MADELEINE.

C'est-à-dire qui y en a; mais y en a aussi qui sont fières; et, si j'étais une portière comme y en a d'aucunes, j'vous dirais des histoires, que.... que mamzelle Amélie, par exemple.... Mais, Dieu merci, je ne suis pas bavarde : d'ailleurs, on m'a défendu de causer avec les pensionnaires; et, vous l'voyez, jamais je n'dis rien. Mais, c'est dur, tout de même, d'être humilié, quand on a été ce que j'ai été, quand j'étais jeune.

MAXIMILIENNE.

Qu'étiez-vous donc, ma bonne Madeleine?

MADELEINE.

La fille du tambour-major des Gardes-Françaises, rien qu'ça! et, à quinze ans, bonne d'enfant; puis, femme de chambre, enfin femme de charge au château de Valdampierre. Il fallait m'voir dans mes beaux atours; avec qu'ça que j'nétais pas courbée comme aujourd'hui, et que j'vous avais une fière taille : cinq pieds huit pouces, rien qu'ça, y avait d'quoi se montrer vaine et haute. Eh bien, pas du tout; parce que, vous voyez, les vaniteuses ne plaisent à personne, comme le disait ma défunte mère, qui, pourtant, n'avait pas sa pareille parmi les couturières pour les reprises perdues. Malheureusement, tout ça est évanoui; on a eu des malheurs; la révolution et mon mari s'en sont mêlés....; l'âge est venu.....

MAXIMILIENNE.

Quel âge avez-vous donc, ma bonne Madeleine?

MADELEINE.

On n'est pas vieille, sans doute, on n'a que cinquante ans, vienne la Saint-Martin; mais, dans nos états, on n'peut pas se rajeunir, comme les riches : acheter de belles dents, de beaux cheveux, comme de belles dames que j'vois, que j'sais; et, si j'étais bavarde....! Mais, voyez-vous, mamzelle, une portière, ça voit tout, ça sait tout, et ça n'dit rien. Mais j'aperçois la maîtresse, et je m'renferme dans mon devoir et dans ma loge.

SCÈNE II.

LA MAITRESSE, EUPHRASIE, HENRIETTE, CORALIE, ESTELLE.

LA MAITRESSE.

Mesdemoiselles, vous gâtez Amélie par vos flatteries; chaque jour, elle devient plus vaine; ce que je n'aurais pas cru possible. Avant peu, elle en viendra à dédaigner tout le monde. Je sais qu'elle est généreuse, qu'elle vous fait de nombreux cadeaux; mais, quel mérite a-t-elle à donner ce que ses parents lui prodiguent?

ESTELLE.

Elle a de si beaux livres dorés avec des images!

CORALIE.

Elle a donné une si belle corbeille de mariage à ma poupée!

EUPHRASIE.

Elle a de si bonnes confitures?

LA MAITRESSE.

Voilà qui est le décicif, sans doute; et, je comprends une amitié fondée sur de si bonnes raisons : mais voici votre chère Amélie, et je vous laisse avec elle.

SCÈNE III.

LES PRÉCÉDENTES ET AMÉLIE.

AMÉLIE.

Henriette, Coralie, Euphrasie! maman vient d'arriver, et madame la directrice lui permet de vous emmener avec moi, à notre maison de campagne.

HENRIETTE.

Quel bonheur! un congé, un voyage en voiture, une partie de campagne!

EUPHRASIE.

Et peut-être un goûter avec des fraises et du fromage à la crême.

CORALIE.

Et peut-être une course sur des ânes ou un voyage en bateau sur la rivière.

HENRIETTE.

Et peut-être une danse dans le village.

AMÉLIE.

Vous aurez tout cela, et puis encore autre chose.

HENRIETTE.

Emmène-tu Zélie?

AMÉLIE.

Non, je ne l'ai pas fait inviter, elle est trop raisonnable; on ne peut pas faire la moindre folie en sa présence : c'est gênant.

CORALIE.

Et Maria?

AMÉLIE.

Elle est trop mal mise, ma femme de chambre ne voudrait pas porter ses robes.

EUPHRASIE.

Et Caroline?

AMÉLIE.

Fi donc! une paysanne.

HENRIETTE.

Ni Adelina.

AMÉLIE.

Elle dit du bien de tout le monde, cela m'ennuie.

Avec elle, on ne peut pas dire la moindre petite méchanceté : c'est triste.

HENRIETTE.

S'il en est ainsi, ma chère Amélie, sais-tu que tes préférences n'ont rien de flatteur. Mais trêve à mes remontrances, je ne veux pas te faire de la peine, quand tu cherches à nous amuser. Je cours m'habiller.

SCÈNE IV.

AMÉLIE, CORALIE, EUPHRASIE ET LÉONTINE.

AMÉLIE (en regardant Henriette qui s'éloigne).

Est-elle sotte, avec ses leçons et sa morale, cette Henriette ; en vérité, j'ai regret de l'avoir invitée ; elle est sans cesse à me reprocher ma prétendue vanité, tandis qu'elle n'est occupée qu'à faire valoir ses avantages. Elle n'a qu'à faire comme moi, je ne me vante jamais : tout le monde sait que j'ai de la fortune ; on veut bien convenir dans ma famille que j'ai quelque esprit ; il est des personnes qui me trouvent bien, de figure. Eh bien, je ne parle jamais de tout cela ; et, si j'ai quelques qualités, celle dont je fais le plus de cas, c'est ma modestie.

CORALIE.

Quelle robe mettras-tu, Amélie?

AMÉLIE.

J'ai bien envie de demander à maman qu'elle me permette de mettre ma robe d'amazone, et de suivre la voiture à cheval. Justement, un de nos laquais est venu avec le mien. Hein! comme je ferais papilloter les yeux de ces demoiselles!

EUPHRASIE.

Mais si ton cheval vient à te jeter par terre?

AMÉLIE.

Je voudrais bien voir qu'il osât se permettre cette incartade! Demandons cela à maman. (Elle sort.)

SCÈNE V.

CORALIE, EUPHRASIE, LÉONTINE ET TOUTES LES PENSIONNAIRES.

LÉONTINE.

Il faut convenir que notre maîtresse avait bien raison d'accuser Amélie de vanité.

EUPHRASIE.

Il y a de quoi! Elle est si riche! Est-on heureuse d'être riche! d'avoir, à profusion, de belles robes, de belles parures, un bel équipage, un beau château, une belle livrée.

(Plusieurs élèves arrivent en chantant.)

LÉONTINE.

Écoute ces demoiselles qui viennent à nous au milieu des rires et des chansons, et tu avoueras qu'il n'y a pas que les personnes riches qui soient gaies et heureuses; vienne la distribution des prix, les couronnes ne seront pas pour Amélie toute seule; viennent les vacances, nous en aurons comme elle. Est-ce que dans sa famille elle sera plus aimée? Est-ce que dans le monde elle sera mieux accueillie que nous? Pas du tout; partout comme ici, les plus aimables sont les plus aimées. Cela me rappelle une chanson que Coralie va nous dire :

CORALIE.

1er COUPLET.

Souvent dans un monde envieux
L'éclat d'un grand nom importune,
Souvent on offense les yeux
Par les dehors de la fortune;
L'homme d'esprit, s'il est vanté,
Des sots excite la colère,
On en veut même à la beauté;
Mais un bon cœur sait toujours plaire.

(*Bis* par toutes les élèves).

2e COUPLET.

A tort, on croit que pour charmer
Il faut esprit, gloire et fortune;
On peut encor se faire aimer,
Sans nul talent, sans gloire aucune;

A tout âge, dans tout pays,
Et même au sein de la misère,
On peut rencontrer des amis;
Car un bon cœur sait toujours plaire.

(*Bis* par toutes les élèves).

HENRIETTE.

Tu écoutais donc, Madeleine?

MADELEINE.

Du tout, mamzelle; je n'suis pas une portière écouteuse et curieuse comme il y en a d'aucunes : mais c'est que j'aime la musique.

HENRIETTE.

Tu t'y connais?

MADELEINE.

Un peu que j'dis. Dam, la fille d'un tambour-major aux Gardes-Françaises! c'était là un régiment qui avait une fière musique, et qui faisait du bruit dans le monde : la vôtre est trop douce.

HENRIETTE.

Et les paroles, qu'en dis-tu?

MADELEINE.

Ah! c'est ben vrai, c'qu'elles chantent : « Un bon cœur sait toujours plaire. » Oui, c'est un moyen sûr, un moyen infaillible d'être aimable; et, pourtant y a ben peu de gens qui s'avisent de ce moyen là.—Et, tenez, par exemple, votre mamzelle Amélie, cette idée ne lui a pas encore venue... La vlà... filons...

AMÉLIE.

Mesdemoiselles, je crois que je vais quitter la pension pour tout à fait; je viens d'apprendre par ma femme de chambre que mon père est maintenant riche à million, qu'il vient d'acheter un hôtel à Paris pour recevoir tout l'hiver.

HENRIETTE.

Tu aideras à ta maman à faire les honneurs de la maison.

AMÉLIE.

Naturellement.

MAXIMILIENNE.

Comme tu vas recevoir des hommages!

AMÉLIE.

C'est assez naturel.

HENRIETTE.

Et puis, tu finiras par être maîtresse de maison.

AMÉLIE.

Mais, naturellement.

HENRIETTE.

Je parie que tu seras difficile dans le choix de ta société?

AMÉLIE.

Pas du tout : que ce soit un monde bien élevé, un monde spirituel, un monde riche, un monde titré; voilà tout ce que je demande.

HENRIETTE.

Tu ne veux donc recevoir que des comtes et des comtesses?

AMÉLIE.

Sans doute, je ne veux pas de roture, je ne veux que de la noblesse.

SCÈNE VI.

MADELEINE, AMÉLIE, CATHERINETTE (petite paysanne) ET LES PENSIONNAIRES.

MADELEINE.

Mamzelle Amélie, voici une petite paysanne de vot'pays qui est venue avec mame vot'maman et qui demande à vous voir.

AMÉLIE.

Qu'est-ce que cela? quelque pauvresse, sans doute, à qui mes parents font du bien.

MADELEINE.

Allons, avancez, mamzelle, n'soyez pas honteuse; ces demoiselles sont ben honnêtes et ben gentilles. Voici mamzelle Amélie que vous voudriez ben embrasser, dites-vous?

AMÉLIE.

Tiens, elle est familière, cette péronnelle.

SCÈNE VII.

LES PRÉCÉDENTES, CATHERINETTE, EUPHRASIE ET ESTELLE.

EUPHRASIE.

Avance, petite.

CATHERINETTE.

Pardonnez-moi la liberté que j'ai prise, mamzelle Amélie.

AMÉLIE.

Ah! c'est toi, Catherinette; bon jour, ma chère; mais, comme te voilà vêtue!

CATHERINETTE.

Ce sont pourtant mes plus beaux habillements; mes habillements du dimanche; des souliers tout frappant neufs, une robe que je mets pour la première fois, et un tablier que j'ai d'aujourd'hui.

CORALIE.

Mais, au fait, elle a de beaux yeux, de beaux cheveux; et je la trouve assez gentille.

CATHERINETTE.

Oui, me vlà ben mise; je dois tout cela à vos bons et excellents parents qui ont eu pitié d'une pauvre orpheline.

EUPHRASIE.

Eh quoi! vous n'avez plus ni votre père ni votre

mère! comme je vous plains de les avoir perdus si jeune.

CATHERINETTE.

Je ne les ai jamais connus; j'ai été abandonnée près de l'église, près du bon Dieu qui a inspiré à la maman de mamzelle Amélie qui passait par là de me recueillir, et de me vêtir aussi bravement que vous voyez; aujourd'hui, surtout, je n'ai jamais été si belle.

AMÉLIE.

Tu te crois donc belle?

CATHERINETTE.

Bien moins que vous, mamzelle Amélie.

AMÉLIE.

Elle ne manque pas d'un certain bon sens.

CORALIE.

Peut-être va-t-on te mettre en pension ici.

AMÉLIE.

Fi! quelle idée!

CATHERINETTE.

Oh! mamzelle, ne vous fâchez pas, ce serait pour vous servir, pour vous habiller, pour faire votre chambre, pour arroser votre petit jardin. Et puis, si je pouvais étudier, je serais encore plus heureuse; car je ne sais que lire et écrire, et puis mon catéchisme : je ne trouverais, parmi vous, personne de mon ignorance.

ESTELLE.

Ce n'est pas sûr.

CATHERINETTE.

Puis, je voudrais m'instruire assez pour gagner ma vie, pour ne plus rien coûter à mes bienfaiteurs. Oh! êtes-vous heureuses, mes belles demoiselles, d'avoir, vous, un père et une mère qui vous aiment et que vous aimez : il est si triste d'être seule sur la terre. Oh! si j'avais une mère, je ne demanderais pas au bon Dieu un autre trésor.

MADELEINE.

Mon Dieu..., mamzelle Catherinette..., vous avez un son de voix..., un air de figure..., enfin, un queuque chose, qui m'rappelle...... Oùce donc qu'vous avez été abandonnée?

CATHERINETTE.

A Valdampierre.

MADELEINE.

Oùce qui l'y a un vieux château entouré d'eau, avec une vieille tour lézardée du haut en bas?

CATHERINETTE.

C'est cela.

MADELEINE.

C'est qu'voyez-vous, Valdampierre c'est mon pays. J'y étais, au château, avant la révolution; puis, ma pauvre maîtresse est venue à mourir de saisissement, en entendant des coups de fusil tirés dans les croisées de la chambre où était le berceau de sa petite fille ; son mari s'est en allé dans les pays étrangers, en émigration, comme on disait pour lors ; et moi, voyant que les braves gens s'en allaient du pays, je m'ai en allée de mon côté. Mais, vlà que j'sommes un petit brin deux payses.

AMÉLIE.

Allons, adieu, petite : et vous, Madeleine, c'est assez babiller ; allez à votre loge. Il faut pourtant que chacun se remette à sa place.

SCÈNE VIII.

HENRIETTE, AMÉLIE, LA MAITRESSE ET LES PENSIONNAIRES.

HENRIETTE.

Comme tu lui parles dûrement !

AMÉLIE.

Comme il faut parler à ces gens-là.

HENRIETTE.

Mais, parmi eux, il y a quelquefois d'excellentes personnes.

AMÉLIE.

Jamais ! dans une condition basse, on ne peut avoir que des sentiments bas.

HENRIETTE.

C'est là une grande erreur.

AMÉLIE.

C'est là une grande vérité.

HENRIETTE.

Mais, quel ton tu prends avec nous, qui sommes autant que toi.

AMÉLIE.

Autant que moi?

HENRIETTE.

Plus que toi, peut-être!

AMÉLIE.

En vérité, l'amour-propre est singulièrement aveugle! vous avez besoin d'une leçon, mesdemoiselles; c'est moi qui vous la donnerai, et qui vous ferai ouvrir les yeux. Plus que moi! péronnelles! vous êtes bien heureuses d'avoir avec vous une personne de mon nom, de mon rang et de ma position!

SCÈNE IX.

LES PRÉCÉDENTES ET LA MAITRESSE.

LA MAITRESSE.

Votre nom, votre rang, votre position, votre fortune, tout cela vous est enlevé, tout cela est perdu pour vous.

AMÉLIE.

Que signifie cette mauvaise plaisanterie?

LES PENSIONNAIRES.

Voilà un changement!

LA MAITRESSE.

Et tout cela appartient, maintenant, à mademoiselle Catherinette.

CATHERINETTE.

Daignez m'expliquer?

LA MAITRESSE.

Écoutez, mon enfant : La mère de mademoiselle Amélie qui vous a recueillie, vous a élevée comme une petite paysanne; votre mère, en mourant, le lui avait recommandé : votre nom, votre rang, votre fortune étaient alors des crimes; aujourd'hui, tout vous est rendu, dans une heure, vous reverrez votre père à qui appartiennent les biens des parents d'Amélie.

CATHERINETTE.

O! mon Dieu, je n'ai plus qu'à te bénir! mon père!

AMÉLIE.

Que signifie tout ce verbiage?

LA MAITRESSE.

Quant à vous, mademoiselle Amélie, votre fortune n'était qu'une vaine apparence; vos parents ont rendu, à M. d'Osambré, père de Catherinette, son château, son hôtel, ses terres. Pourtant, plus heureux que bien d'autres, vos parents ont gardé assez de fortune pour vous bien élever; or, l'éducation, mon enfant, est la plus belle dot d'une jeune fille, après la vertu. Venez avec moi. (Elles sortent.)

SCÈNE X.

HENRIETTE, ESTELLE, EUPHRASIE, CORALIE, LA MAITRESSE ET LES PENSIONNAIRES.

HENRIETTE.

Quelle chute, pour la fière Amélie!

ESTELLE.

Était-elle vaine!

EUPHRASIE.

Exigeante pour les petites!

CORALIE.

Ridicule!

TOUTES.

Et détestée!

LA MAITRESSE.

Allons, mesdemoiselles, de l'indulgence; le malheur la corrigera. Chacune de nous a ses petits défauts : elle était bonne au fonds, aimant à faire plaisir. Imitez Catherinette que je vois auprès d'elle et qui la console.

SCÈNE XI.

LES PENSIONNAIRES, MADELEINE ET Mlle IRMA (couturière).

Mlle IRMA.

C'est sans doute pour Mlle Amélie que je suis demandée ; aussi, ai-je apporté du brillant, du cossu, du magnifique ! Il n'y a rien de trop beau, pour elle ; elle si riche, si belle, si distinguée, si comme il faut ; et puis, qui a du savoir vivre, qui ne trouve rien trop cher, qui ne marchande pas, comme il y en a. Il n'y a que les petites gens qui marchandent ; c'est si mauvais genre, comme dit Mlle Alexandrine.

MADELEINE.

J'vous ai laissée dire, mamzelle Irma, mais ce n'est pas pour mamzelle Amélie qu'vous êtes demandée : Mamzelle Amélie est ruinée !

Mlle IRMA.

Ruinée !.... O mon Dieu !.... Elle est ruinée !.... Alors, c'est différent, je n'travaille plus pour cette pimbêche, moi, ni pour les gens ruinés, en général : ils vous ont un air si drôle, si ridicule, qu'ils ne savent plus porter une toilette, ni faire honneur à une couturière qui s'est donné de la peine pour eux.

MADELEINE.

Vous êtes demandée pour habiller, tout à neuf, cette petite pensionnaire qu'vous voyez là-bas vêtue en paysanne, et dont le père est devenu millionnaire!

Mlle IRMA.

Millionnaire! Ah!.... je vois, comme elle a l'air gentil et distingué, cette petite; ça se voit tout de suite : quand on za de l'éducation et quand on fréquente, comme moi, les grandes maisons du faubourg Saint-Germain..... Mais, mesdemoiselles, laissez-moi vous montrer ce que j'ai là : des fourrures pour cet hiver, qui viennent de nous arriver d'Ethiopie; des blondes de Malines qui nous viennent d'Angleterre; des cachemires indiens du Maroc; c'est ce qu'il y a de mieux porté dans le faubourg Saint-Germain.

MADELEINE.

Nous verrons cela dans un autre moment; on vous attend là-bas.

SCÈNE XII.

CATHERINETTE, CORALIE, EUPHRASIE, HENRIETTE ET LES PENSIONNAIRES.

HENRIETTE.

Adieu, la partie de campagne. Quel dommage!

CATHERINETTE.

Pas du tout, pas du tout; papa m'a dit qu'il invitait tout le monde, et que les grandes viendraient en calèche; les moyennes, en char-à-bancs; les petites, sur des ânes.

CORALIE.

Ce n'est pas tout; une bonne nouvelle : les vacances sont avancées; après-demain, la distribution des prix; et, dès aujourd'hui, défense de travailler.

TOUTES.

Nous obéirons.

EUPHRASIE.

Dis-donc, Catherinette, à présent que tu es riche, c'est toi qui donneras des confitures?

CORALIE.

En attendant, permettez-moi de vous donner une leçon.

FABLE.

Un léger cerf-volant, sous la céleste voûte,
Planait, et soutenant son vol ambitieux,
Se disait : faut-il donc qu'un fil injurieux
M'arrête sur ma route,
Quand j'allais m'élever jusqu'au sommet des cieux?
Le sort pour nous punir, quelquefois nous écoute;
Il exauça les vœux, il brisa le lien
Du voyageur aérien,
Qui, fier autant qu'heureux de son indépendance,
Prend l'essor, de l'éther fend le désert immense,
Et, d'un bond, croit du ciel atteindre la hauteur.
Vaine et folle espérance!
L'imprudent trouva son malheur

Dans le succès des vœux qu'il avait fait entendre.
Bientôt du haut des airs, il lui fallut descendre,
Balloté par les vents qui se jouaient de lui :
Dès qu'il y fut sans guide, il y fut sans appui.
Ceci s'adresse à vous, imprudente jeunesse,
Qui, parfois, vous plaignez que l'on vous tienne en laisse;
Et puis encore à vous, hommes présomptueux,
Qui, trop haut, élevez votre espoir et vos vœux.

SCÈNE XIII.

MADELEINE ET LES PENSIONNAIRES.

MADELEINE et les pensionnaires.

Vlà ben l'plus meilleur de l'histoire : le père de mamzelle Catherinette, M. d'Osambré, qu'a besoin d'moi à Valdampierre; qui me r'met à la tête d'son château, qui m'refait son intendante... En vlà un homme d'esprit! et que j'prouverai qu'il a eu raison: on aura de l'ordre, on sera charitable, on n'sera pas fière : parce que, voyez-vous, mamzelle Amélie, les vaniteuses, ça n'prospère jamais. Vous disiez, il y a queuques minutes, faut qu'chacun reprenne sa place; m'revlà à la mienne!......

Il n'y a qu'une chose que je n'peux pas r'trouver, c'est mes dix-huit ans : c'est-y dommage! mais, au moins, si j'suis vieille, mamzelle Catherinette est jeune; elle est comme ma fille, ça m'console. Le bonheur, à nos âges, c'est l'bonheur des autres. Et vous r'trouverez cette idée-là dans la chanson que j'vas vous dire, et, qu'est joliment ben, c'est moi qui l'ai faite, que j'dis. Aussi toutes ces demoiselles la chantent à plaisir, et entre autres, Mlle Henriette, sur l'air du tra là là, dites, mamzelle Henriette?

HENRIETTE.

1er COUPLET.

Avoir de la science,
Est sans doute flatteur;
Être dans l'opulence,
Est un autre bonheur.
Mais je l'dis sans mystère,
Ni riches ni savants,
N'ont rien que je préfère
Au cœur des bonnes gens.

2e COUPLET.

On s'divertit, sans doute,
Quand on za de l'argent;
On brill' sans qu'il en coûte,
Quand on a du talent.
Mais sans or ni science,
Que d'hommes sont contents!
Si dans leur indigence
Ils sont de bonnes gens.

3e COUPLET (à l'assemblée).

Pour qu'en votre présence
Nous fussions sans frayeur,
On nous a dit d'avance
Que vous aviez bon cœur;
Soyez donc peu sévères
Pour de faibles enfants,
Jugez-nous en bons pères,
Montrez-vous bonnes gens.

FIN DE LA PREMIÈRE PARTIE.

TABLE DES MATIÈRES

CONTENUES DANS CETTE PREMIÈRE PARTIE.

	Pages.
Préface	5
L'Ours voleur de miel, fable	9
Les Ceps de vigne et l'ormeau, fable	11
Sigalion ou le dieu du silence	14
Le Moineau voleur	17
Le Portrait du Lion	20
Frédéric le mordu	24
La Distribution des Prix	28
Le Maître d'études	39
L'Oncle d'Amérique	45
Les Étourdis	55
La Promenade instructive	64
Une Fête de village	70
L'Héritière	76
Un Marché aux fleurs	86
Une Récréation dans un pensionnat de jeunes filles	92
Tableau d'un port de mer	97
L'Opinion	104
L'Éloquence vient du cœur	110
Dialogue sur le malheur des gens d'esprit	113
Dialogue des morts	122
id. sur l'histoire	128
id. sur la vie humaine	134
id. sur la puissance politique de la religion	135
Dialogue sur cette parole de l'Écriture sainte, etc.	139
Pièce jouée le jour de la distribution des prix, par les élèves d'un pensionnat de jeunes filles	143

FIN DE LA TABLE DES MATIÈRES DE LA 1re PARTIE.

COURS GRADUÉ

DE

NARRATIONS FRANÇAISES

OU

ÉTUDES DE STYLE.

DEUXIÈME PARTIE.

FABLES.

Les sujets de composition que l'on donne d'abord aux élèves ne doivent être que de simples canevas sur lesquels ils ont à jeter quelques broderies ; ils ne peuvent avoir à tracer ni un plan ni un dessin ; le seul travail dont ils soient capables, c'est de compléter celui du maître, c'est d'ajouter quelques traits à une peinture, quelques circonstances à un événement, quelques idées accessoires à une idée principale ; voilà pourquoi la composition des fables est pour eux un excellent exercice.

Aucune partie de la littérature n'est plus variée et ne se prête plus aisément aux diverses exigences de l'enseignement ; on peut également donner à une fable une portée philosophique et le caractère d'une leçon du premier âge ; on peut la présenter, en quelques mots, comme Phèdre l'a fait, ou la développer plus longuement, à l'exemple de La Fontaine; enfin, on peut y aborder toutes les questions, y prendre tous les tons, y faire usage de tous les styles.

La matière même d'une fable peut être présentée de plusieurs manières différentes, suivant le degré d'intelligence ou d'instruction de celui qui doit la traiter.

Celle qui suit peut être le début de nos exercices; parce que le sujet en est fort simple et qu'elle place un enfant au milieu d'idées qui lui sont familières.

LE CERF-VOLANT.

Sommaire.

Un cerf-volant, qui plane au milieu des airs et qui voudrait s'élever plus haut encore, s'indigne contre le fil qui le retient, le fil casse, et cet événement, souhaité par le cerf-volant, est précisément ce qui amène sa chute.

CORRIGÉ.

Le premier travail de l'élève doit être d'examiner si ce sujet comporte un développement quelconque, car il se pourrait qu'à tout prendre, il fallût seulement lui donner une moralité.

La nécessité d'un développement reconnue, il s'agira de savoir en quoi il doit consister; il faudra reconnaître si les idées exprimées doivent être étendues, si des idées nouvelles doivent être produites, si des réflexions doivent les accompagner.

Pour être à même de résoudre ces questions, interrogeons successivement chacune des phrases de la matière.

Un cerf-volant qui plane au milieu des airs.

L'heureux essor du cerf-volant a besoin d'être expliqué par plusieurs circonstances : s'il s'étend, c'est qu'il est bien construit, soutenu par un bon vent et habilement dirigé.

Il veut s'élever plus haut encore.

Son ambition peut être motivée par l'orgueil naturel à tous ceux qui s'élèvent, sans avoir rien fait pour cela, et par l'admiration dont il se voit l'objet, car une foule d'enfants le suit des yeux.

Il s'indigne contre le fil qui le retient.

Cette indignation tient à son ignorance; mais quoi de plus ordinaire que la sottise de la vanité!

Le fil casse, et cet événement, souhaité par le cerf-volant, amène sa chute.

N'y a-t-il pas lieu de remarquer ici que l'accomplissement de nos vœux est souvent un malheur pour nous?

On peut encore tirer de cette fable une autre moralité, c'est qu'un enfant a tort de vouloir s'échapper des liens qui le retiennent auprès de ses parents.

TEXTE DE LA FABLE.

Un léger cerf-volant, sous la céleste voute,
Planait, et, soutenant son vol ambitieux,
Il se dit : Faut-il donc qu'un fil injurieux
M'arrête sur ma route,
Quand j'allais m'élever jusqu'au sommet des cieux?
Le sort, pour nous punir, quelquefois nous écoute;
Il exauça les vœux, il brisa le lien
Du voyageur aérien,
Qui, fier autant qu'heureux de son indépendance,
Prend l'essor, de l'éther fend le désert immense,
Et d'un bond croit du ciel atteindre la hauteur.
Vaine et folle espérance!
L'imprudent trouva son malheur
Dans le succès des vœux qu'il avait fait entendre.
Bientôt du haut des airs il lui fallut descendre,
Balloté par les vents qui se jouaient de lui :
Dès qu'il y fut sans guide, il y fut sans appui.
Ceci s'adresse à vous, imprudente jeunesse,
Qui parfois vous plaignez que l'on vous tienne en laisse,
Et puis encore à vous, hommes présomptueux,
Qui trop haut élevez votre espoir et vos vœux (1).

LES DEUX ROSIERS.

(FABLE.)

Sommaire.

Deux rosiers éclos sur la même roche sont d'un caractère différent : la vanité fait souhaiter à l'un la gloire d'être admiré dans la jardinière d'un salon où il ne tarde

(1) Cette fable, citée dans la 1re partie, a dû être reproduite ici à cause des explications dont elle est précédée.

pas à mourir; l'autre, plus modeste, reste au lieu où il est né, et y conserve longtemps sa fraîcheur et sa beauté.

DÉVELOPPEMENT.

Toute fable est une allégorie dont les voiles transparents doivent laisser entrevoir la vérité qu'on veut exprimer; les deux rosiers que nous mettons en scène représentent deux personnes auxquelles on donne une leçon de modestie; deux jeunes filles, par exemple, chez lesquelles la vanité est tout à la fois si commune et si dangereuse.

Des roses et des jeunes filles doivent être présentées sous des traits gracieux; de là, la nécessité de donner quelque ornement au style et de relever la beauté ordinaire des roses par le détail de quelques circonstances qui la rendent plus remarquable, comme la mousse, la rosée, le souffle du matin.

Enfin, puisqu'entre les jeunes filles et les roses on veut amener une comparaison, il sera bon de présenter surtout les rapports qui les unissent, comme la fraîcheur, la faiblesse et le peu de durée.

CORRIGÉ.

Une jeune fille témoignait à son père le désir de quitter la campagne, où elle s'ennuyait, pour aller à Paris, où l'attendaient les plaisirs et les hommages; sa sœur, qui avait moins de coquetterie et plus d'instruction, se trouvait, au contraire, heureuse de son séjour au village, et demandait à rester là où elle était née et au milieu de ceux qui l'aimaient.

Mes enfants, leur dit leur père avant de prendre un parti, écoutez ceci :

Par une belle matinée de printemps, deux petits rosiers, sortis des flancs moussus d'un même rocher, balançaient, au souffle du zéphir, leur tête humide de rosée et déjà parée de quelques fleurs.

L'un d'eux, humilié de croître dans la solitude, où il n'avait à attendre que les hommages des papillons et des manants, souhaita les honneurs du parterre, puis ceux du salon, où il figura bientôt dans une jardinière dorée avec magnificence; sa gloire fut sa perte ; privé d'air, touché sans cesse, et respirant le souffle empesté de ses admirateurs, il ne tarda pas à perdre sa beauté, et, une fois flétri, il fut jeté au loin sur un fumier. Son frère, à qui son isolement ne donnait pour hôtes que des abeilles et pour voisins que les petits oiseaux, conserva pendant tout le printemps, sa parure de feuillage et de fleurs, et, l'année suivante, le pâtre de la vallée le trouvait encore embelli par sa jeune postérité.

LA FLEUR ET LA JEUNE FILLE.

Sommaire.

Une jeune fille, à qui son goût pour les fleurs avait inspiré le désir d'en cultiver quelques unes par elle-même, donnait des soins particuliers à un camélia qui était sa fleur de prédilection; mais, non contente de le tenir dans la serre, elle l'enferma sous une cloche hermétiquement fermée; l'arbuste ne tarda pas à s'étioler et à mourir.

DÉVELOPPEMENT.

Plus il y aura de rapports entre une mère qui soigne son fils et la jeune fille qui soigne son camélia, plus la leçon donnée par la fable sera facile à saisir, plus la fable elle-même aura de mérite. Il faudra donc insister sur le détail des précautions que prend la petite jardinière pour sauver de toute souffrance et de tout péril la fleur qu'elle élève.

Il faudra aussi ne parler que des précautions dont l'effet est funeste.

Enfin l'ignorance oú est la jeune fille peut être, si l'on veut, expliquée par sa vanité qui l'empêche de consulter le jardinier.

Il est bon aussi quelquefois qu'une fable soit annoncée par le récit d'un événement qui en explique le sens et qui en prépare l'effet; ainsi, Phèdre, avant de raconter la fable des *Grenouilles demandant un roi,* raconte l'usurpation de l'autorité, par Pisistrate, à Athènes; ainsi, La Fontaine fait connaître les circonstances dans lesquelles Menenius raconta au peuple romain la fable des membres et de l'estomac, avant de nous la faire lire : nous imiterons ces deux fabulistes.

CORRIGÉ.

Une mère aimait tendrement son fils, ce qui est naturel : elle l'aimait d'un amour aveugle, ce qui est commun ; affligée de le voir frêle et délicat, elle voulait qu'il évitât le grand air, les chaleurs vives, les froids rigoureux, qu'il sortît peu ou en voiture, et enfin que sa chambre fût tenue dans une température constamment douce. Le gouverneur de l'enfant, qui n'osait dire ce qu'il pensait d'un tel régime, en montra le danger par la fable suivante :

Une jeune fille, à qui son séjour à la campagne et le goût des parures simples avait donné celui des fleurs, cultivait de préférence le camélia, fleur charmante par elle-même et de plus, rare alors, étrangère et récemment importée en France ; non contente de tenir, dans la serre chaude du château, son arbuste favori, la jeune fille imagina de l'isoler même des autres plantes, de le placer dans un compartiment particulier, où la chaleur d'un tuyau caché et celle du soleil avait plus de force ; elle l'enferma ensuite sous une cloche de verre, afin de le soustraire de plus en plus aux chances du froid ; enfin, en le voyant plus faible que jamais, elle l'abrita sous une cloche plus petite que la première et soigneusement bordée de mousse.

L'arbuste mourut. « Pourtant rien ne lui a manqué, dit la jeune fille au jardinier. — Mademoiselle, répondit celui-ci, il lui a manqué ce qui est nécessaire à la vie, c'est-à-dire de l'air et de l'espace.

LA MARÉE MONTANTE.

Sommaire.

Un père et sa fille qui se promènent au bord de la mer, sont surpris par la marée montante et par l'orage, à l'entrée de la nuit et loin de toute habitation.

DÉVELOPPEMENT.

De ces quelques paroles, Walter-Scott a tiré une admirable narration dont il nous importe d'étudier la marche, graduée avec un art infini, et par cela même difficile à apercevoir.

L'imprudence des voyageurs est expliquée par les préoccupations du père et par l'ignorance de la jeune fille.

Ils commencent par n'éprouver qu'une terreur vague, causée par celle que montrent les oiseaux de mer qui pressentent la tempête.

Les obstacles qu'ils rencontrent dans leur marche précipitée augmentent leur effroi.

A l'effroi se joint la fatigue.

L'eau monte, la mer s'assombrit, le vent mugit dans le lointain.

L'eau continue de monter ; ils crient pour demander du secours, leur voix se perd au milieu des sourds grondements de l'orage.

Placés entre des rochers escarpés et l'abîme des mers, ils ont perdu toute espérance de salut.

Qui les tirera de péril? des parents? des amis? des serviteurs? non ; un mendiant.....

Un mendiant qui, après les avoir sauvés et vus retourner à leur château, ira demander l'hospitalité à un pêcheur.

CORRIGÉ.

Ils arrivèrent bientôt au bord de l'Océan. La marée n'était pas aussi éloignée qu'ils l'avaient pensé, mais cette circonstance ne leur donna aucune inquiétude, car il n'arrivait pas dix fois par an qu'elle approchât assez des rochers pour ne pas y laisser un passage à pied sec. Cependant, à l'époque des marées de printemps, et même dans les temps ordinaires, quand le flux était accéléré par un grand vent, cette route était entièrement inondée par la mer, et la tradition conservait le souvenir de plusieurs accidents qui étaient arrivés en pareilles occasions. Mais ces histoires, comme tant d'autres, ne servaient qu'à charmer les loisirs du coin du feu. On ne regardait le danger que comme éloigné et invraisemblable, et les sables servaient toujours de communication ordinaire entre Knockwinnock et Monkbarns.

Sir Arthur et sa fille jouirent, chemin faisant, de l'agrément de marcher sur un sable frais et humide; Isabelle ne put s'empêcher de remarquer que la marée précédente s'était avancée beaucoup plus loin que de coutume. Le baronnet fit la même observation, mais ni l'un ni l'autre ne fut alarmé de cette circonstance. Le disque du soleil était alors de niveau avec l'Océan, et dorait d'épais nuages que le vent avait dispersés pendant toute la journée, et qui se rassemblaient alors de toutes parts, comme les infortunes se multiplient autour d'un monarque qui succombe. Cependant sa splendeur mourante prêtait une sombre magnificence à l'amas de vapeurs dont les masses figuraient des tours et des pyramides nuancées d'or, de pourpre, et quelques unes d'un rouge foncé. La mer s'étendait au loin avec un calme imposant sous ce dais pompeux et varié; elle réfléchissait les rayons étincelants de l'astre qui semblait descendre dans son sein, et les riches couleurs des nuages au milieu desquels il se couchait. Plus près du rivage, la marée s'avançait en vagues argentées qui gagnaient imperceptiblement sur les sables.

Tout occupé à admirer cette scène romantique, ou peut-être rêvant à quelque objet plus intéressant encore, miss Wardour marchait en silence à côté de son père, dont la dignité encore offensée ne lui permettait pas de se livrer à la conversation. Suivant les détours que formait le rivage, ils côtoyèrent les promontoires des rochers les uns après les autres, et se trouvèrent enfin sous une chaîne non interrompue de monts escarpés dont la ceinture protége cette côte en beaucoup d'endroits. De longs récifs à fleur d'eau, dont l'existence n'était annoncée que par un pic qui s'élevait çà et là au-dessus de la surface de la mer, ou par le bouillonnement que formaient les vagues en passant sur ceux qui en étaient presque entièrement couverts, rendaient la baie de Knockwinnock redoutable aux pilotes. Les rocs qui s'élevaient entre la plage et la terre, à la hauteur de 100 mètres environ, offraient, dans leurs crevasses, à d'innombrables oiseaux de mer, une retraite dont l'élévation prodigieuse semblait les mettre à l'abri des entreprises de l'homme. Un grand nombre de ces oiseaux sauvages, mus par cet instinct qui les porte à regagner la terre avant un orage, volaient vers leurs nids avec un cri aigu, expression d'inquiétude et de crainte. Le disque du soleil fut obscurci et voilé avant de tomber sur l'horizon, et de profondes ténèbres couvrirent le crépuscule serein d'une soirée d'été. Le vent commença bientôt à se lever, mais ses mugissements sourds se firent entendre, et ses effets sur la mer se firent apercevoir longtemps avant que l'ouragan fût sensible sur le rivage. La masse d'eau, alors sombre et menaçante, commença à se soulever en lames plus épaisses, et à s'affaisser dans des sillons plus profonds; des vagues s'élançaient écumeuses au-dessus des brisans, ou roulaient sur la plage avec un bruit semblable au tonnerre lointain.

Effrayée d'un changement de temps si soudain, Isabelle se rapprocha de son père, et lui saisit vivement le bras. — Je voudrais, lui dit-elle, mais à demi-voix, comme si elle eût rougi de lui montrer ses craintes croissantes, je voudrais que nous eussions suivi la grande route ou que nous eussions attendu la voiture à Monkbarns.

Sir Arthur jeta un coup d'œil autour de lui, et ne vit ou ne voulut pas convenir qu'il y eût aucun signe d'orage prochain.

— Nous serons à Knockwinnock, lui dit-il, longtemps avant le commencement de la tempête. Cependant il doubla le pas, et sa fille qui avait peine à le suivre, vit par là qu'il pensait que quelques efforts étaient nécessaires pour que cette prédiction consolante s'accomplît.

Ils étaient alors presque au centre d'une baie étroite, mais profonde, formée par deux promontoires de rochers élevés et inaccessibles qui s'avançaient vers la mer en forme de croissant ; ni le père ni la fille n'osaient exprimer la crainte qu'ils éprouvaient que les progrès rapides de la marée ne les missent dans l'impossibilité de doubler le cap qui était devant eux, et même de regagner celui qu'ils avaient déjà dépassé.

Tandis qu'ils s'avançaient ainsi, regrettant sans doute de ne pouvoir changer cette ligne courbe que les sinuosités du rivage les forçaient à décrire, pour cette ligne droite qu'on prétend funeste aux proportions de la beauté, sir Arthur aperçut sur la grève une figure humaine qui s'avançait vers eux. — Dieu soit loué! s'écria-t-il, voici quelqu'un qui a dû doubler le promontoire d'Halket-Head, et par conséquent nous pourrons y passer. Il avait eu assez de force pour cacher sa crainte, mais il ne put s'empêcher de laisser éclater son espérance.

— Oui, Dieu soit loué! répéta sa fille avec émotion, et reconnaissante de cette faveur du ciel.

L'individu qui s'approchait d'eux leur faisait plusieurs signes que l'obscurité de l'atmosphère, alors troublée par le vent et la pluie, les empêcha de distinguer ou de comprendre. Quelques instants avant d'être près de lui, sir Arthur reconnut le vieux mendiant à manteau bleu, Edie Ochiltrie. On dit que les animaux mêmes, dans un danger pressant et commun, oublient leurs animosités et leurs antipathies naturelles. De même la plage d'Halket-Head, menacée d'être couverte à chaque instant par une forte marée que poussait un vent impétueux, devint un terrain neutre où le magistrat et un mendiant vagabond pouvaient traiter presque sur le pied de l'égalité.

— En arrière! en arrière! s'écria Edie; pourquoi

n'êtes-vous pas retournés sur vos pas aussitôt que je vous en ai fait signe?

— Nous pensions, répondit sir Arthur avec la plus grande inquiétude, que nous pourrions doubler Halket-Head.

— Halket-Head! la marée y battra contre les rochers avec autant de force que la cataracte de Fyers (1), avant que vous y soyez arrivés. Ce fut tout ce que j'ai pu faire que d'y passer il y a environ vingt minutes, et la mer venait déjà à trois pieds de moi. Il faut tâcher de regagner la pointe de Bally-Burgh-Ness, et que le ciel nous protége, car c'est notre seule chance de salut. Mais il faut essayer.

— O mon Dieu! et ma pauvre enfant!

— Ma fille, mon tendre père! s'écrièrent en même temps sir Arthur et sa fille, tandis que la frayeur leur prêtant de nouvelles forces et doublant la vitesse de leur marche, ils s'efforçaient de regagner le cap sous lequel ils avaient passé un quart d'heure auparavant, et qui formait l'extrémité méridionale de la baie.

— J'ai appris que vous étiez ici, de l'enfant que vous avez envoyé au devant de votre voiture, dit le mendiant en marchant d'un pas ferme derrière miss Wardour, et je n'ai pu penser sans trembler au péril que courait cette pauvre jeune dame, qui a tou-

(1) Une des belles cascades de l'Écosse, dans le comté d'Inverness.

jours eu tant de bontés pour moi et pour tous les malheureux qui ont imploré son secours. Si bien qu'en regardant les vagues avancer et reculer, je calculais que, si je pouvais passer la baie assez tôt pour vous avertir, il serait encore possible de vous sauver; mais je crains bien qu'il ne soit trop tard. Qui a jamais vu la marée monter avec une telle force? Voyez là-bas le Ratton-Skerry; j'ai toujours vu sa tête hors de l'eau, et maintenant il en est couvert.

Sir Arthur jeta un coup d'œil vers l'endroit désigné par le vieillard. Un roc énorme qui, en général, et même dans les marées du printemps, montrait au-dessus des eaux une masse semblable à la quille d'un grand navire, était alors entièrement submergé, et l'on ne reconnaissait sa place qu'au bouillonnement des ondes irritées de la résistance qu'il leur opposait.

— Hâtez-vous, ma jeune dame, continua le vieillard, hâtez-vous; tout espoir n'est pas encore perdu. Appuyez-vous sur mon bras; il est vieux et faible, mais il s'est déjà trouvé en pareil danger. Prenez mon bras, vous dis-je, ma bonne dame. Voyez-vous ce point noir là-bas au milieu des eaux? Ce matin il était aussi élevé que le mât d'un vaisseau, et à présent à peine l'aperçoit-on; mais tant que j'en verrai grand comme mon chapeau, j'espérerai toujours que nous pourrons passer au bas de Bally-Burg-Ness.

Isabelle accepta en silence le secours que lui offrait

le mendiant, et que sir Arthur n'était guère en état de lui donner. Les vagues s'approchaient alors tellement d'eux qu'ils furent obligés d'abandonner les sables, où ils avaient jusqu'alors pu marcher d'un pas ferme, et de prendre un sentier raboteux, situé au pied des rochers, et qui même montait quelquefois sur leurs bords. Il aurait été impossible à sir Arthur et à sa fille de suivre ce chemin dangereux dans l'obscurité s'ils n'avaient eu pour guide le vieil Édie, qui les encourageait en leur disant qu'il avait plusieurs fois passé en cet endroit pendant de hautes marées, quoiqu'il fût obligé de convenir qu'il n'avait jamais vu une nuit si terrible.

Elle l'était véritablement. Le mugissement de la tempête, se mêlant aux cris des oiseaux de mer, semblait le chant de mort des trois infortunés placés entre deux des objets les plus redoutables de la nature, une mer orageuse et des rocs inaccessibles. Ils continuaient leur route pénible et dangereuse sur la lisière des rochers, où ils étaient souvent atteints par l'écume jaillissante d'une vague monstrueuse qui s'élançait sur le sable plus loin que celles qui l'avaient précédée. A chaque instant leur ennemi gagnait du terrain sur eux; cependant ils ne perdaient pas toute espérance, le roc noir que leur avait montré Ochiltrie était encore visible, et il continua de l'être jusqu'à ce qu'ils arrivassent au détour du sentier précaire qu'ils suivaient; ce fut la projection du rocher qui le déroba à leur vue. Privés de l'espèce de phare sur lequel ils comptaient, ils éprouvèrent une double angoisse d'inquiétude et de terreur. Ils s'efforcèrent pourtant d'avancer; mais étant arrivés à un endroit d'où ils auraient dû l'apercevoir, ils ne le revirent plus, et mille vagues écumantes venant se briser contre le promontoire de Bally-Burg-Ness, s'élevaient aussi haut que le grand mât d'un navire de haut bord.

Le vieillard changea de visage; Isabelle poussa un profond soupir. « Que Dieu ait pitié de nous! » Cette exclamation solennelle, qui échappa au mendiant, fut répétée par sir Arthur d'un ton lamentable.

— Ma fille! ma chère fille! ajouta-t-il, te voir périr d'une pareille mort!

— Mon père! mon pauvre père! dit Isabelle en le serrant dans ses bras; et vous aussi, dit-elle à Édie, qui allez perdre la vie pour avoir voulu sauver la nôtre!

— Ce n'est pas la peine d'y penser, dit Ochiltrie; j'ai assez vécu pour être las de la vie, et ici ou là, au bord d'un fossé, dans la neige ou sous une vague, qu'importe où mourra le vieux porte-besace.

— Brave homme, dit sir Arthur, n'est-il donc nul moyen?... ne pouvez-vous rien imaginer?... Je vous ferai riche... je vous donnerai une ferme... je vous...

— Nos fortunes seront bientôt égales, dit le mendiant en jetant un regard sur les flots conjurés. Elles le sont déjà, car je n'ai pas un pouce de terre, et vous donneriez toute votre baronie pour la plus petite pointe de rocher qui resterait à sec pendant douze heures.

Tout en parlant ainsi, ils s'arrêtèrent sur le plus haut bord du rocher qu'ils purent atteindre, car ils virent que toute tentative pour avancer vers le promontoire ne servirait qu'à accélérer leur perte. Il fallait donc attendre en ce lieu les progrès lents mais sûrs de l'élément furieux, à peu près comme les martyrs de l'Église primitive, condamnés par des tyrans païens à être exposés aux bêtes féroces, voyaient d'abord l'impatience et la rage qui les agitaient en attendant l'instant où l'on ouvrirait les grilles de leurs cages.

Cependant cette pause terrible donna le temps à Isabelle de réunir toutes les forces d'une âme naturellement ferme et courageuse, et que le danger arma d'une nouvelle résolution. « Perdrons-nous donc la vie, s'écria-t-elle, sans faire quelque effort pour la sauver? N'existe-t-il aucun sentier, quelque dangereux qu'il soit, qui puisse nous conduire sur le sommet du rocher, ou du moins à une hauteur que les vagues ne puissent atteindre, et où nous puissions rester jusqu'au jour, ou jusqu'à ce qu'il nous arrive du secours? On doit connaître notre situation, et l'on viendra sûrement à notre aide.

Sir Arthur, qui avait entendu la question de sa fille presque sans la comprendre, se tourna cependant par instinct et d'un air empressé vers le vieux mendiant, comme s'il eût dépendu de lui de leur sauver la vie.

— Quand j'étais jeune, dit Ochiltrie après un instant de silence, personne n'était plus hardi que moi à gravir les rochers, et j'ai déniché plus d'un nid sur ceux-ci, il y a longtemps, bien longtemps, et personne ne pourrait y monter sans corde. Mais quand j'aurais encore aujourd'hui l'œil aussi bon, le pied aussi sûr, la main aussi ferme qu'autrefois, comment pourrais-je vous sauver? Il est bien vrai qu'il y avait un sentier ici aux environs, mais si nous pouvions le voir, vous aimeriez peut-être mieux rester où nous sommes que de vous y hasarder.

— Dieu soit loué! s'écria-t-il tout à coup, il y a quelqu'un sur le haut du rocher. Et criant de toutes ses forces, il se mit à donner à l'aventurier hardi qui se présentait, les instructions que lui suggéraient ses connaissances des lieux.

— C'est cela! c'est cela! par ici, par ici! Attachez bien la corde autour de la corne de Crummie, cette grosse pierre noire là-haut; faites-y deux tours. — C'est bien! A présent, avancez un peu sur la droite, vers cette autre pointe de rocher que nous appelons l'Oreille-du-Chat. Il y avait là le tronc d'un vieux chêne. — Tout doucement, mettez-y le temps. Prenez bien garde à vous. Mais, mon Dieu, mettez-y le temps, vous dis-je; bien! Maintenant, descendez sur le tablier de Bessy, cette grande pierre bleue plate ; de là avec votre aide et celle de la corde, je crois que nous pourrons sauver la jeune dame et sir Arthur.

L'AUTEUR A LA RECHERCHE D'UN LIBRAIRE.

DÉVELOPPEMENT.

On comprend que dans certains sujets l'imagination doit être abandonnée à elle-même et qu'il n'y a point à lui tracer de plan.

CORRIGÉ.

Depuis tantôt quinze ans ma gouvernante, Mme Polycarpe, est dépositaire de ma confiance et de mon argent; elle a gardé l'une tout entière, mais parfois l'autre lui fait défaut. Hier elle m'avoua sa détresse ; je n'ai plus rien, me dit-elle d'une voix désolée et non moins désolante ; puis, après une pause, elle ajouta : et vous monsieur? dans un si grand malheur que vous reste-t-il?

Il me reste, lui répondis-je avec l'aplomb héroïque d'un homme qui se sent des ressources ; il me reste, madame Polycarpe, une épopée, il me reste une tragédie, il me reste un opéra, il me reste un roman échevelé, il me reste mes impressions de voyages à travers les mondes imaginaires, les succès fabuleux, les libraires fantastiques, les académies féeriques.

— La fruitière ne veut pas me faire de crédit; — il me reste mon recueil de poésies, mes rêves du jeune âge en vers de dix syllabes.

— La boulangère m'a fait ce matin une mine inquiétante.

— Il me reste mes bucoliques, mes élégies, mes odes, mes dythyrambes sur un capitaine de la garde nationale.

— Il n'y a pas jusqu'à la porteuse d'eau qui a cessé de faire la conversation avec moi.

— Je comprends, l'heure est arrivée, poëte, lève-toi, prends tes manuscrits et ta course vers le quai des Augustins.

Le premier éditeur auquel je fis mes offres avec toute l'humilité que me commandait ma position, était un gros homme enfoncé dans un fauteuil à oreillettes, et plongé dans ce demi-sommeil que produit le travail de la pensée ou celui de la digestion.

Monsieur, lui dis-je, je suis auteur.

Un imperceptible salut me révéla le degré de faible considération que ce titre me donnait aux yeux du dormeur.

— Auteur d'une épopée nationale?

— Merci.

— D'un drame?

— Voyez les théâtres qui naissent.

— D'un roman?

— Voyez les journaux qui meurent.

— D'un recueil de poésies?

— Voyez les confiseurs.

— D'un cours de philosophie?

— Voyez l'épicier.

Dans dix boutiques différentes je reçus ce gracieux accueil, je m'acheminai vers les théâtres.

Monsieur, me dit l'archiviste du Vaudeville, voilà un récépissé de votre manuscrit que j'inscris sous le n° 115; nous jouons par an dix pièces nouvelles.

J'allai au Gymnase.

Voyez à vous entendre, me dit-on, avec le fournisseur de l'établissement. Nous ne prenons rien que de sa main.

J'allai à l'Ambigu.

La personne qui me reçut, après m'avoir fait asseoir, ouvrit aussitôt mon manuscrit, ce qui me parut de bon augure, parut le lire avec attention, ce qui m'enchanta, et laissa échapper au bout de quelques minutes un sourire qui me donna les plus douces espérances; monsieur, me dit-il, après avoir ri de nouveau, je vous rends votre pièce, elle est gaie, spirituelle et fine.

Mon visage, à ces mots, rayonna de toutes les joies de la vanité.

— Par conséquent, elle ne peut pas nous convenir; notre spécialité c'est le gros rire des commères du boulevard, des cochers d'omnibus, mêlé au sentiment des blanchisseuses de fin; le style de votre pièce, qui est celui de la bonne compagnie, ici ne serait pas compris. Nous ne voulons plus d'esprit, nous ne jouons plus que des pièces venues de la cour.

Cette réflexion me fit regarder comme inutile une visite aux Funambules et aux Délassements.

Les journaux m'offraient une ressource ; comme mon roman était fort moral, je le présentai d'abord à celui des journaux qui avait les bonnes manières, le bon goût, et l'honnêteté aristocratique dans sa spécialité; mais son rédacteur, après avoir poussé un soupir, m'avoua que ses lectrices étaient lasses des lectures édifiantes et qu'elles demandaient le fruit défendu, au moins en lecture.

— Jeune homme, me dit le *Siècle*, nous sommes fournis pour trois ans, et nous avons déjà payé les promesses de feuilletons qui voguent encore avec le *Véloce* sur l'immensité des mers ; ce disant le *Siècle* me sourit, m'indiqua la porte, et, d'un ton de suprême impertinence, me dit : « Bon jour, mon ami. » Je sortis, et cédant à ma fureur vengeresse, quand la porte fut fermée, je lançai à l'insolent ces accablantes paroles : Journalistes ! je vous retire mon estime. — Je ne pus voir le *Constitutionnel ;* le pauvre vieillard s'était assoupi sur des feuilletons qu'il essayait de lire pour la cinquième fois.

— Monsieur, me dit la *Presse*, je ne traite qu'avec des noms connus, et le vôtre ne l'est pas.

— De quelle part venez-vous? me dit-on aux *Dé-*

bats. Je fus obligé d'avouer que je ne faisais la cour à aucune des puissances du jour. Sur un signe de son maître, un garçon de bureau m'ouvrit la porte.

J'étais atterré, et retournai piteusement à la maison; j'y trouvai l'écrivain public qui m'avait copié ma pièce. — Monsieur, me dit-il, vous n'êtes pas sans savoir que, parmi les pairs de France, il y en a quelques uns qui ont beaucoup d'esprit.

Je fis un signe d'assentiment ; — d'autres qui n'en ont qu'un peu.

J'en demeurai d'accord ; — et enfin un grand nombre qui n'en ont pas du tout.

— Est-ce possible, dis-je gravement; — oui, et ceux qui n'en ont pas veulent en montrer.

— C'est difficile.

— Du tout, ils montrent celui des autres.

— Comment?

— Voici la chose. J'ai lu votre pièce à un comte qui a traité le même sujet que vous.

— Diable, m'a-t-il dit, voilà qui est bien.

— Monsieur le comte, lui dis-je, cette pièce est d'un pauvre garçon domicilié pour le quart-d'heure au père Lachaise; sa veuve vous bénira de prendre le manuscrit pour quelques écus; le pair de France est désireux de faire la bonne œuvre proposée ; c'est à vous de décider ce qu'elle doit lui coûter ; ne vous gênez pas avec lui, il a de la fortune, il est assez riche pour payer sa gloire.

Je cédai mes plumes au geai du Luxembourg qui s'en composa un plumage de fantaisie, auquel les comédiens et le public parisien s'empressèrent de payer un légitime tribut d'admiration.

Les *Débats*, le *Constitutionnel*, le *Siècle* et la *Presse* déclarèrent que depuis longtemps on n'avait rien vu de plus agréable.

— Je vous reconnais, dit au geai du Luxembourg une altesse royale. — Vous serez bientôt des nôtres, ajouta un membre de l'Institut. — Combien son Excellence veut-elle de son manuscrit? dit un libraire.

LES TOMBEAUX DE SAINT-DENIS.

EXPOSÉ DU SUJET.

Adossé à l'un des arbres qui bordent la route suivie autrefois par saint Louis quand il alla quérir, près du tombeau de Dagobert, l'oriflamme qu'il devait poser sur la terre des pyramides, je m'étais arrêté au déclin d'une belle journée de septembre, tout entier au souvenir des anciens jours et à la contemplation du ciel.

Un vague murmure, comme celui des flots de la mer, me tira de ma profonde rêverie : bientôt il me sembla entendre, dans le lointain, le bruit sourd des canons roulant sur le pavé; puis, je distinguai des lueurs que des torches vacillantes promenaient dans la campagne; enfin, dans toute son horreur, m'apparut la populace qui avait hurlé de joie autour de l'échafaud de Louis XVI, et trempé ses mains dans le sang des victimes de septembre ; des têtes coupées, la précédaient, portées sur des piques humides encore, et autour desquelles le vent enroulait des tresses de cheveux blonds. Dans cette multitude confuse se distinguaient des hommes au regard farouche, demi-nuds, agitant leurs sabres à côté de femmes échevelées qui entonnaient, d'une voix rauque, des refrains obcènes ; tandis que sur le visage rose des petits enfants, auxquels ces furies donnaient la main, on lisait le naïf étonnement que leur causait cet étrange spectacle. Où allaient ces hordes forcenées avec des haches, des marteaux, des fusils, des canons, et tout l'appareil de la destruction ? je l'ignorais.

Devançant ses pas, je me réfugiai aux pieds des autels, où tant de rois étaient venus humilier leur grandeur et leur gloire.

CORRIGÉ.

Soudain les portes du vaste édifice, ébranlées par le fer qui les soulèvent, par les boulets qui les traversent, tombent lourdement sur le pavé du temple. La foule roule et se précipite dans le sanctuaire : le sabre déchire les tableaux, la hache mutile les statues, les balles percent les vitreaux.

Une jeune femme, qui priait Dieu, lui demandant le salut de son mari, pauvre conscrit de la

République à la frontière et combattant pour les meurtriers futurs de sa femme, tomba frappée d'une balle égarée, et qui avait visé un enfant Jésus. « Mon enfant, mon enfant! » s'écria, en tombant la mourante. A cette voix, une petite fille, qui se tenait cachée derrière un pilier, vint se jeter sur le cadavre avec des cris si douloureux et si déchirants, que l'impression que j'en ressentis ne s'est jamais effacée de mon cœur.

Cependant, debout, au pied de l'autel, un immonde vieillard, au milieu des vociférations, des huées et des blasphèmes, parodiait les cérémonies du culte chrétien; une coupe sacrilége portait de bouche en bouche le vin, l'ivresse et l'impiété; les chants de la débauche retentissaient aux lieux où s'était élevée la voix pure de la religion, les jeunes lévites étaient remplacés par des prostituées.

« Aux caveaux, aux caveaux! » s'écria l'un des énergumènes qui dirigeait cette effroyable expédition, quand il vit ces brutes suffisamment excitées.

Il faut le dire à l'honneur de la nature humaine, à cette idée de profaner la cendre des morts, il y eut un moment de silence et d'hésitation.

A la vue de ces longs corridors sombres, où, comme le dit un poëte, tant de siècles, descendus dans la nuit, y sont sans mouvement, sans lumière et sans bruit, la foule s'arrêta; les ombres vacillantes que projetaient, sur les murailles, les lueurs des lampes sépulcrales, lui parurent autant de fantômes;

elle ressentit, dans le profond silence de ces demeures souterraines, une vague et mystérieuse épouvante, ce je ne sais quoi inconnu qui trouble l'homme, forcé de se dire, à la vue des tombeaux, que lui aussi doit mourir.

Le ricanement d'une femme ivre, à la vue d'un groupe représentant une résurrection de Lazare, mit fin à ces préoccupations : la foule reprit ses pensées de destruction, se dispersa à travers les monuments et commença son œuvre sacrilége. Bientôt tout retentit de coups de hache portés aux statues des rois avec autant de fureur que si ces rois eussent été vivants; les tombes ouvertes, on frappa les cadavres qu'elles renfermaient, on coupa des têtes inanimées, on arracha des diadèmes de poussière, au milieu de blasphèmes, des rires et des chants révolutionnaires.

Tout à coup, à l'extrémité de la plus sombre galerie, un homme se dresse sur une tombe, et, debout, élève une voix terrible, dont les accents, pareils aux éclats de la foudre, roulent sur la foule épouvantée. —« Il y a peu d'heures, armés et menaçants, vous m'avez paru des soldats marchant à la frontière au secours de vos frères et de la France. Quelle était mon erreur! ces hommes qui avaient les armes, la démarche et la parole des braves, menaçaient des tombeaux; ces hommes, qui se disent la grande nation, allaient attaquer des cadavres et jeter au vent des cendres inanimées. Oubliez-vous que vous-mêmes, avant peu, vous serez poussière? oubliez-vous que, comme ces rois dont vous venez troubler le repos, vous avez un juge à qui vous rendrez compte de vos actions? Les républicains de la Grèce et de Rome que vous voulez imiter, vous ont-ils donné l'exemple du crime que vous commettez? »

A ces paroles, qu'un prodige semblait faire sortir d'une bouche de marbre, le silence s'établit, les bras levés s'abaissèrent; le vieillard, un de ces prêtres que la terreur avait obligé à se réfugier dans les catacombes, allait reprendre son discours, quand un enfant de chœur, auquel il avait servi de père, se glissa derrière la statue qui le soutenait, et lui cassa la tête d'un coup de pistolet; l'homme de Dieu chancela, reconnut son meurtrier et commença pour lui une prière qu'il acheva dans le ciel.

LES TRIBULATIONS LITTÉRAIRES

DE M. ISIDORE POUPINEL.

Isidore Poupinel avait été dans ses classes ce qu'on appelle un petit prodige que vantaient ses maîtres, qu'adorait sa mère et que respectait M. son père, honnête épicier de Brive-la-Gaillarde.

Aux succès de collége avaient succédé, pour le

jeune Poupinel, les succès de société; on copiait ses lettres, on imprimait ses historiettes; voilà comme on écrivait dans le bon temps! s'écriait à table, chez le père Poupinel, le brigadier de la gendarmerie; la nièce de M. le curé, la fille de M. le maire trouvaient beaucoup d'esprit dans les vers et encore plus dans les yeux de M. Isidore.

Encouragé par des suffrages d'une pareille valeur, Poupinel composa enfin un vaste mélodrame, auquel la société des lettres de Brive donna de frénétiques applaudissements, des louanges hyperboliques et un prix de soixante francs cinquante centimes.

Le père Poupinel n'était pas homme à se contenter pour son fils d'une gloire d'arrondissement. « Isidore, dit-il un jour à l'héritier de son nom et de ses balances; Isidore, notre cité n'est plus à ta hauteur; tu surpasses de dix mètres ce qu'elle a de plus élevé. Il te faut Paris pour théâtre, c'est là que se trouvent toutes les supériorités politiques, les poëtes illustres, les épiciers brevetés, les pairs, les députés, et autres grands hommes avec lesquels tu es susceptible de t'aligner un jour. Nous te donnerons des lettres de recommandations pour celui de nos députés qui fait les commissions de sa maman, et une fois ta pièce jouée, ta réputation établie et ta fortune faite, tu reviendras ici demander en mariage la fille de M. le maire qui, tout naturellement, sera heureuse d'une pareille alliance.

Après cette mémorable prophétie de l'auteur de ses jours, Isidore Poupinel, sur l'aile des amours, et sur l'impériale d'une Laffite et Caillard, partit pour la capitale, emportant précieusement avec lui les conseils et les écus paternels.

Arrivé chez le député commissionnaire, il lui confia modestement ses succès, ses vues, ses espérances; l'homme parlementaire goûta médiocrement l'honneur d'une telle confidence; il la reçut néanmoins sans humeur, avec résignation, et comme accoutumé de la part des électeurs à de pareils présents. Isidore s'enhardit, et, pour donner une idée de son style, il dit à son prosaïque protecteur : « Soyez mon guide sur l'Océan du monde. » A l'idée de ce pilotage moral, le député laissa échapper un imperceptible geste d'impatience. « Vous serez mon second père, » continua Poupinel. Cette filiale proposition eut encore moins de succès que la première. « Enfin, permettez, ajouta le confiant et naïf Poupinel, permettez que j'aie recours à vous chaque fois que j'aurai besoin d'un juge éclairé pour mes écrits. » A cette perspective de visites et de lectures littéraires, le député pâlit, mais cachant aussitôt cette impression sous un sourire, avec cette aisance que donne l'habitude de la dissimulation : « Mon jeune ami, dit-il, au nourrisson des muses, je vais vous recommander à un journaliste de mes amis, ce sont eux qui font aujourd'hui les réputations, et à la chambre même, ils en ont fait qui sont fort remarquables, vu la difficulté. »

— Les réputations, dit le journaliste à Poupinel; sont maintenant hors de prix; nous sommes en pleine session et à la veille d'une réélection générale; des commandes de célébrités nous arrivent de tous côtés : nous avons dans ce moment six Démosthènes, douze Cicéron et quatre Mirabeau à révéler à la France. Plusieurs de ces réputations qui nous sont soldées d'avance, à fin de mois seront à échéance; il nous faut les livrer. sans compter qu'à l'Institut il vient de mourir un savant, dont un précepteur de prince nous demande la succession.

— Monsieur, dit avec modestie Poupinel, je ne tiens ni les articles éloquence, ni les articles tragédie, ma spécialité c'est le mélodrame, et si vous voulez entendre la lecture du mien, ce sera l'affaire de trois petites heures. A ces mots, comme un taureau qui voit un drapeau rouge, le journaliste bondit sur son fauteuil, puis reprenant par degré un air patelin, il dit au poëte de Brive-la-Gaillarde; donnez-moi votre manuscrit, je vais l'envoyer à un homme qui le jugera mieux que moi et auquel j'écrirai deux mots.

Deux jours après, Poupinel s'achemina vers Saint-Germain et trouva son juge au milieu d'ouvriers qui lui construisaient l'antique manoir de ses aïeux; il remarqua la montagne qui venait d'être brouettée au centre des jardins; le rocher qui venait d'arriver des carrières du duc de Montpensier par le bateau à vapeur; la source vive qu'un plombier intelligent faisait dériver des gouttières du château.

— Monsieur, dit gravement le roi du monde littéraire au pélerin; j'ai lu votre mélodrame, et il m'a fait passer des heures délicieuses, il m'a rendu à la gaîté, à la santé, à la vie.

A ces douces paroles, les joues prospères d'Isidore s'épanouirent, et la joie rayonna sur sa bonne et large figure.

— Le plaisir que vous a causé mon mélodrame, dit-il à son hôte, me prouve qu'il vous paraît bon.

Sans dire s'il trouvait cette logique rigoureuse, l'hôte repartit :

— Pour une œuvre comme la vôtre, œuvre grandiose s'il en fut, il vous faut un théâtre exprès.

— Si vous voulez m'ouvrir le vôtre?

— Impossible, on n'y joue que de l'histoire, ma devise c'est :

Rien n'est beau que le vrai, le vrai seul est aimable.

Et puis je vous avouerai naïvement que je redoute votre concurrence. Je vous donnerai toutefois quelques conseils, je vous soumettrai (avec la réserve qui est due à un homme de votre mérité, et si vous le permettez), quelques observations. N'y a-t-il pas trop d'assassinats dans votre pièce? Vous avez une femme incomprise qui tue son mari, c'est bien; qui tue trois de ses cousins, passe encore; qui tue son tuteur, il n'y a pas trop à dire encore; mais elle tue encore deux rivales, n'est-ce pas un peu trop?

— Songez donc, Monsieur, que cette femme furieuse a perdu son amant.

— C'est vrai, je l'avais oublié. — Une femme alors ne se connaît plus; et puis elle n'avait que celui-là; — c'est une raison; — vos paroles dénotent une profonde connaissance du cœur féminin.

— Mais une autre observation. Pourquoi dans votre pièce n'y a-t-il pas de niais? C'est un oubli qu'il faut réparer, et vous y parviendrez mieux qu'un autre, pensez-y, cela vous occupera jusqu'au dîner, car vous serez des nôtres. J'attends quelques hommes d'esprit et deux membres de l'Institut auxquels je vous présenterai et qui m'en remercieront. On devine que Poupinel fut la joie des convives; mais hâtons-nous d'ajouter que son hôte, dont le cœur est encore plus admirable que l'esprit, se sentit bien vite désarmé par la douceur de sa victime.

Une protection s'offrit au désespéré Poupinel; Mlle Marie, la fille de son portier, avait lu son mélodrame. « Je vous ferai jouer, dit-elle; vous avez un rôle de bergère qui me ravit; et c'est moi qui décide de la réception des pièces au théâtre des Délassements comiques.

Celle de Poupinel fut jouée et sifflée; l'infortuné lutta longtemps contre l'aveuglement des uns, et contre l'injustice des autres ; vaincu enfin, à bout de voies et d'argent, et voyant que le vote de ses budgets supplémentaires éprouvait de grandes difficultés dans sa famille, il retourna à Brive-la-Gaillarde, où il arriva encore assez à temps pour faire l'épithalame de la fille de M. le maire, Mlle Marie, qui épousait le brigadier de la gendarmerie, devenu capitaine.

UN ENTERREMENT.

PRÉAMBULE.

Un enterrement qui par lui-même est triste, qui n'offre aux regards que des vêtements de deuil, de sombres tentures, des visages couverts de larmes, a aussi pour effet ordinaire de nous faire faire un retour sur nous-mêmes et de nous amener à dire avec le poëte :

« Peut-être est-ce bientôt mon tour ? »

Il nous arrache brusquement à nos préoccupations, à nos espérances, à nos illusions, et nous fait souvenir du mot du plus sage des rois :

« Vanité des vanités et tout est vanité. »

Une ancienne légende nous représente Deucalion, sauvé du déluge, qui ne peut retenir ses larmes à la vue de la mer sans bornes qui l'environne et qui recouvre tant de milliers d'hommes, disparus pour jamais, tant de vastes ambitions déçues sans retour, tant de projets interrompus, tant de joies évanouies !

Xerxès, qui s'était placé sur un trône, au sommet du mont Athos, pour de là passer la revue de son innombrable armée, d'une armée de deux millions d'hommes, la plus vaste qui se soit jamais déroulée sur le globe, tomba bientôt, à ce spectacle, dans une mélancolie profonde ; on lui demanda la cause de sa tristesse : « C'est que, dit-il, je pense que dans quelques années tous ces hommes que j'ai sous les yeux seront morts : » des larmes s'échappèrent de ses yeux.

Charlemagne, arrêté dans une ville du midi et apercevant du haut de son palais les barques de ces hommes du nord dont il présageait les ravages homicides dans son empire, ne put contenir un attendrissement qui avait la même cause que celui de Xerxès, et qui les honore l'un et l'autre.

N'était-ce point encore la pensée de la mort qui occupait le conquérant de Jérusalem, Godefroy de Bouillon, quand il dit aux Arabes, surpris de le voir assis modestement sur le gazon : « La terre n'est-elle pas assez bonne pour nous servir de siége, puisque avant peu nous aurons à descendre dans son sein ? » Néanmoins l'impression que fait sur nous l'idée de la mort n'est ni générale ni durable ; à côté d'un Hamlet, livré à la sublime méditation que vous connaissez et cherchant à s'expliquer l'énigme de la vie humaine, d'insouciants fossoyeurs jouent avec les ossements des morts; aux inconsolables tristesses jurées sur la tombe d'un père, d'un époux et d'un ami, succèdent bientôt l'indifférence; la fleur de l'oubli croit au pied de ces colonnes funéraires où s'élève, gravée sur le marbre, la promesse d'un éternel souvenir.

CORRIGÉ.

Telles étaient les réflexions qui m'occupaient pendant que je me rendais à la maison d'une veuve de vingt ans, naguère ornement des fêtes, et qu'un habile médecin venait de tuer en deux jours. A la vue de la pauvre morte, toute la famille avait éclaté en sanglots; ses regards au moment où le docteur s'était éloigné, avaient semblé lui reprocher les déplorables suites de son erreur; mais l'Esculape, accoutumé à de pareils événements, avait opposé aux plaintes causées par ses bévues homicides, le calme d'une science sûre d'elle-même et le sang-froid que donne le mépris du jugement de la foule ignorante.

Comme je connaissais peu l'hôtel où je me rendais, que les tentures en avaient changé la physionomie et que les entrées et les destinations des appartements n'étaient plus les mêmes, je m'égarai; je fus conduit par une sorte de fatalité jusque dans un cabinet voisin de la chambre où était le cercueil. « Voilà, disait une couturière à sa compagne, voilà une bonne pratique de moins. Puis elle ajoutait avec sentiment :

« Est-ce triste de mourir si jeune et quand on a de si belles parures?—Ne voulait-elle pas les emporter, répondait l'autre; ne voulait-elle pas qu'on doublât sa bière avec cette pièce de satin blanc? Plus souvent! mieux vaut pour nous que pour les vers. — Le satin, ajouta la consciencieuse couturière, le satin nous donnera le dessous de la robe de mariage qu'on nous a commandée hier pour la petite Rose, qui épouse un huissier. A-t-elle de la chance! Ils ont fait rouvrir le cercueil pour y mettre ces brimborions; soit, va pour les brimborions; mais prends le voile de Malines, on n'a pas besoin de dentelles au cimetière; maintenant, allons, tout est rangé; le menuisier qui va clouer la malle de voyage ne s'apercevra de rien.

Je sortis, les couturières sortirent de même; je les rencontrai toutes deux, l'une avec un mouchoir à la main et l'autre avec des larmes dans les yeux.

Le salon était rempli par une foule grave et silencieuse, composée de parents, d'amis, de connaissances, que le respect des convenances avait fait venir à la cérémonie, et sur le visage desquels se lisait l'ennui au moins autant que la tristesse; peu à peu des conversations s'établirent à voix basse; ces prêtres, disait l'un, se font bien attendre;—en outre, il nous tiendront longtemps à l'église, répondait l'autre, et à quoi bon, je vous le demande? — Le clergé a de la conscience, ajoutait un troisième, il veut gagner son argent, il travaille à l'heure. Plus loin, un gros homme, adossé à la cheminée et chargé d'un large ventre, dont un gilet blanc dessinait le contour, promenant ses regards admiratifs autour de lui, disait à son voisin : « Il y a ici un air d'opulence qui me donne bonne idée de la succession. Comment vivait la défunte? — Mais très-bien : elle avait bonne table. — Ah! mais voilà sa maison fermée, c'est une perte pour la société. — On m'a dit que son neveu recevrait après son deuil? — Oui, il donnera des soirées, mais pas de dîners, les bonnes traditions se perdent; et puis il est à sec, ses amis intimes lui coûtent beaucoup; il en était réduit aux expédients les plus ruineux pour se conserver leur tendresse. — Oui, sa parente est morte à propos; c'est la seconde parente qui a pour lui de ces attentions-là. Il y a des gens heureux! Le chant lugubre du *de profundis clamavi ad te, Domine*, annonça l'arrivée du clergé et interrompit l'oraison funèbre de la défunte. On partit pour l'église, où la séance fut longue. Un érudit, qui était à ma gauche l'employa à m'apprendre ce qu'avait fait pour la musique des églises un empereur de Bagdad, nommé Charlemagne; un mathématicien, qui était à ma droite, me calcula le produit moyen des enterrements à Paris, et me demanda pourquoi les prêtres, qui faisaient le commerce des prières, ne payaient pas de patentes. C'est inouï comme il en coûte cher pour mourir à Paris! répliqua un notaire qui nous entendit.

A la sortie de l'église, beaucoup d'invités s'échappèrent discrètement du cortége pour aller, ceux-ci à leurs affaires, ceux-là à leurs plaisirs, donnant tous au fond de l'âme le nom de corvée au devoir qu'ils venaient de remplir.

De plus dévoués poussèrent jusqu'au cimetière, où les gazons et les fleurs qui recouvrent la pourriture des tombeaux, éloignent jusqu'aux pensées funèbres qu'un tel lieu pourrait inspirer.

Quelques mots détachés de la conversation de ces derniers arrivèrent seuls à mon oreille. Après une pareille journée, un dîner au Rocher-de-Cancale peut seul nous remettre. — Êtes-vous des nôtres? — L'offrande a été convenable. — Cocher, êtes-vous libre?— Non, Bourgeois, je vas au Cadran-Bleu, pour un mariage au 13e arrondissement. — Papa, disait à son père la petite fille du fossoyeur, tu m'as promis les Funambules à la première bonne journée. —Soit, lui répondait le père, tu viendras me prendre au Bon-Coin; je m'éloignai.

Bientôt les chantres se rendirent au cabaret, le neveu chez le notaire, les viveurs chez Véfour, et le bon curé dans la maison d'un malade, auprès de laquelle les enfants de chœur qui avaient chanté à l'enterrement jouaient déjà à la fossette.

LES MÉSALLIANCES.

PRÉAMBULE.

Virgile dit du terrible Mezème, que, quand il voulait punir quelqu'un, il le faisait attacher à un cadavre, de manière à ce que le vivant touchât le mort par les mains, par le visage, par la bouche : cette idée du poëte romain nous donne l'idée de certains mariages.

L'idée, par exemple, du mariage d'une enfant de seize ans avec un de ces vieillards à qui appartiennent les riches prairies qui arrosent le Pactole ; elle nous donne l'idée d'une mésalliance physique.

Il est aussi fort triste pour une femme d'esprit d'avoir à subir la conversation d'un mari qui n'en a pas ; il n'y a pour elle de refuge que dans un parti violent, le silence ; elle est forcée de mentir à sa nature de femme, pour échapper au supplice d'écouter un sot, sa mésalliance est une mésalliance intellectuelle.

Représentez-vous, dans une basse-cour, une blanche et timide colombe au milieu de rouges et grosses poules d'Inde, qui font la roue autour d'elle en lui donnant des coups de bec, et vous aurez l'idée de ce que souffre, au milieu de certains salons du faubourg Saint-Germain, une fille d'apothicaire, épousée par un Mortemart ; plus elle aura d'esprit et de délicatesse de cœur, plus elle souffrira de sa mésalliance sociale.

Les mésalliances morales qui rapprochent des caractères antipathiques, des opinions contraires, des croyances opposées, qui froissent par des rapports continuels et inévitables les époux qu'elles ont unis, ne sont pas moins douloureuses, surtout pour les femmes, à qui leur faiblesse, plus peut-être que leur volonté, fait une loi de la soumission ; toutefois, il est encore une mésalliance plus désolante que les autres, c'est l'union d'une nature vulgaire et d'une nature poétique, seulement cette dernière espèce de mésalliance est plus rare que les autres, car bien des femmes se disent qu'elles ont descendu, en épousant des sots, et qui paraissent au public avoir fait des mariages parfaitement assortis.

Emma a le cœur tendre, l'âme rêveuse et l'imagination nourrie de la lecture de *René*, d'*Atala*, de *Verther*, de *Paul et Virginie;* elle aime à se promener le soir au milieu des ruines, sur le bord de la mer retentissante ou parmi les saules qui pleurent sur les tombeaux. « C'est, dit-elle à son jeune époux, c'est l'heure où la mélancolie répand, dans toute la nature, un charme mystérieux. — C'est l'heure de souper, lui répond son mari en homme positif et ami des jouissances matérielles de la vie humaine; merci des promenades du soir et des rhumes qu'on y gagne.

Au retour de la belle saison, Emma, à qui les distractions de Paris ont causé bien des inquiétudes secrètes, qui a vu bien des regards, bien des toilettes, bien de frais visages lui disputer son Eugène, se presse de partir pour la campagne, où les attendent, dit-elle, les forêts bocagères, les chants de Philomèle, et les divins concerts des muses champêtres.

— Ma chère, lui répond Eugène en fredonnant un air de la Gazza, attendons la saison du gibier et des chasses ; on ne dîne bien qu'à Paris, et mon appétit se développe de jour en jour.

Eugène est heureux d'être père, il prodigue et fait prodiguer les plus tendres soins à sa femme et à son fils ; il les voit tous les jours et souvent ; il n'entend pas qu'à leur égard sa bourse acquitte la dette de son cœur, lequel est bon et s'ouvre délicieusement aux joies de famille, les seules vraies, dit-il, en embrassant l'heureuse Emma ; et celle-ci, en l'attirant vers elle de ses deux bras caressants, lui adresse quelques unes de ces douces paroles de femmes par lesquelles notre sexe, éminemment sage, raisonnable et maître de lui-même, se laise attendrir depuis tant de siècles.

— Ma chère amie, lui répond l'époux, cet enfant sera charmant un jour; il te ressemble ; je vous aime tendrement tous les deux, mais ses cris me fatiguent ; adieu, mon ange. Il part pour le cercle.

LA CONSTANCE DES OPINIONS POLITIQUES.

M. de Bretteville était un de ces émigrés à qui la révolution avait inspiré une légitime indignation, et qui, pour punir la France de ses tendances libérales, l'avaient quittée, abandonnée à elle-même, curieux de savoir ce qu'elle deviendrait sans gentilshommes.

Après avoir, à l'armée de Condé, projeté quelques exploits, lu beaucoup de gazettes allemandes et dépensé sa petite fortune, il s'était décidé à rentrer en France, où il ne rapportait qu'un sac de nuit et son titre de marquis.

A l'entendre, il ne faisait que précéder les Bourbons; Buonaparte allait jouer le rôle de Monck et prosterner ses victoires aux pieds de Louis XVIII; celui-ci, dans l'effusion de sa reconnaissance et sous l'inspiration d'une grande âme, le ferait capitaine de ses gardes; malheureusement, une destinée aussi haute n'avait point tenté le vainqueur de Marengo, et cela lui avait fait perdre beaucoup dans l'esprit de M. de Bretteville.

En revanche, il gagnait de jour en jour davantage dans l'estime de Mlle de Bretteville, qui, de l'étonnement à l'égard du premier consul, était passée à l'admiration, puis de l'admiration à l'enthousiasme, pourquoi? Sans doute parce que Napoléon était un grand guerrier, peut-être aussi parce qu'il avait une grande affection pour Gustave Olinbourg, auquel il venait de donner la croix, le grade de capitaine, et une compagnie de chasseurs dans sa garde ; le cœur de la sensible jeune fille n'avait pu tenir contre de pareils traits, et, comme Mme de Sévigné, après avoir dansé avec Louis XIV, elle s'était écriée : c'est un bien grand homme.

M. de Bretteville avait bien remarqué l'impression que le bel officier avait produite sur sa fille ; mais à la pensée d'avoir pour gendre un quidam sans nom, un petit parvenu, un fils de quelque manant en blouse et en sabots, il avait senti son âme se remplir d'une noble indignation ; il avait relevé avec fierté sa petite tête poudrée à frimas et ornée d'une de ces petites queues dont la vue a tant réjoui l'enfance de 1814 ; puis enfin, il avait laissé tomber sur le front épouvanté d'Amélie le mot terrible de *jamais*.

La jeune fille s'était résignée, comme se résignent les jeunes filles, en promettant d'oublier, et en se disant intérieurement le pourrais-je ? Cependant la guerre continuait, et chacune de nos batailles était une victoire.

Gustave fut nommé chef d'escadron ; M. de Bretteville, qui, au fond, était bon homme et qui aimait la bravoure sans en avoir, renonça à traiter Gustave de parvenu, et dans un moment d'indulgence, convint qu'il était un bon officier, et qu'on ne faisait pas mieux dans l'armée de Condé.

Ce n'est pas tout, en apprenant que Gustave avait été créé baron, il avoua que, s'il était possible (ce dont il doutait, au reste) de former une nouvelle noblesse, il fallait en chercher les éléments sur le champ de bataille; enfin, Gustave reçut une dotation, et tout en le tenant encore à distance respectueuse, Bretteville commença à le regarder comme un gendre possible.

Amélie n'avait pas manqué de faire remarquer à l'auteur de ses jours que l'empereur d'Autriche ne rougissait point de donner sa fille, la fille des Césars, à l'ancien sous-lieutenant d'artillerie; le marquis s'était contenté de répondre que l'exemple de la maison d'Autriche n'était pas une règle pour la maison de Bretteville; mais il avait dit cela sans colère et de manière à laisser croire qu'il excusait la mésalliance de Marie-Louise, et qu'un jour peut-être il élèverait Gustave jusqu'à lui. « Je lui voudrais, disait-il, le titre de comte! car il ne lui manque que cela. Amélie trouvait que le seul titre qui manquât à Gustave était celui de son mari.

De vers ce temps eut lieu la campagne de Russie; Napoléon-le-Grand en revint diminué de moitié aux yeux de Bretteville, et le brillant Gustave ne lui parut plus qu'un sabreur. Après la déchéance, que les conservateurs de l'époque prononcèrent avec un courage si remarquable, Napoléon ne fut plus que l'usurpateur, et Gustave un des séides du tyran.

Enfin, Bretteville, ayant repris tous ses titres, et peut-être, comme tant d'autres, quelque chose de plus que tous ses titres, reçut, comme ancien garde-du-corps, le grade de colonel, et obtint le titre de menin du duc d'Angoulême; alors le gendre de l'empereur d'Autriche ne fut plus que l'ogre de Corse, et Gustave ne fut rien du tout; on le tint à distance, on ne le reçut plus que rarement, on cessa de le reconnaître, on finit par ne plus aller dans le même monde; les hommes et les choses avaient repris leur place, et naturellement la noblesse occupait, dans la nouvelle société, le rang qui lui est dû, c'est-à-dire le premier; il est vrai que les hommes de l'empire murmuraient, mais on s'inquiétait peu des criailleries de ces gens-là.

Gustave sentit son néant; quant à Amélie, elle sentit, elle, qu'elle aimait toujours le pauvre Gustave. « Jamais, s'écriait le courroucé Bretteville en remarquant une tristesse dont il devinait la cause, jamais un pareil drôle n'entrera dans ma famille. — Et moi, répondait la désolée Amélie, jamais je ne me marierai. Deux jours après, le comte Héraldi fut admis à présenter ses hommages, ses bésicles d'or et ses cinquante ans à la jeune fille, qui, à la vue du prétendant, se sentit plus que jamais décidée au célibat; mais Bretteville, qui savait Héraldi puissant à la cour et en mesure de le faire nommer général et pair de France, disposait tout déjà pour un mariage qui comblait les vœux de son ambition, et le déclarait irrévocablement décidé dans sa tête que, disait-il, il avait bonne; le jour était pris pour la cérémonie, le roi devait signer au contrat, et l'archevêque de Reims devait, le 10 mars, bénir les nouveaux époux. Amélie était confinée dans sa chambre, où les nouvelles du dehors ne lui arrivaient plus que par sa femme de chambre, à laquelle son maître avait intimé l'ordre de garder un silence absolu; la soubrette avait obéi deux jours, puis, touchée des larmes de sa maîtresse, elle avait laissé la nature féminine reprendre ses droits et avait parlé, de quoi? on le devine; de qui? de M. Gustave qui avait suivi Napoléon à l'île d'Elbe.

Le matin du 6 mars, la caméristе, toute essoufflée, entra chez Mlle de Bretteville. « Mademoiselle! mademoiselle! s'écria-t-elle toute tremblante d'émotion, Napoléon est débarqué en France. »

Amélie demeura immobile de surprise, et un faible rayon de joie illumina son beau visage; mais elle était captive et elle craignait même que, par la prudence de son père, la fidèle Brigitte ne fût mise hors d'état de lui faire connaître l'issue d'un événement d'où dépendait son bonheur; Brigitte reçut en effet la défense expresse de sortir, les journaux lui furent cachés, le service de la maison fut fait par le domestique allemand du marquis; enfin, tous les moyens d'avoir des nouvelles du revenant impérial paraissaient ôtés aux deux curieuses. « Écoute, dit Amélie à sa confidente, fais bien attention aux paroles qui échapperont à mon père quand il ouvrira son journal, quelque vagues qu'elles soient, elles peuvent me révéler ce que je brûle de savoir.—Mademoiselle, dit le lendemain la discrète Brigitte, Monsieur n'a laissé échapper que deux mots, *Golfe Juan* et *brigand*. » Amélie baissa la tête, elle comprit qu'un tel adjectif n'était pas donné à un homme heureux. Le surlendemain, Bretteville en ouvrant le *Moniteur*, s'écria : *Grenoble;* puis, après une pause : *Quel fou!* Amélie, à qui les interjections paternelles furent rapportées aussi fidèlement que les précédentes, devina qu'une appellation plus modérée annonçait une position moins désespérée pour celui qui la recevait; à Lyon, le brigand et le fou, c'était déjà *Buonaparte* ou *l'usurpateur*, et encore Bretteville n'avait prononcé ce dernier mot qu'à voix basse; à Fontainebleau, l'usurpateur était redevenu *l'empereur;* et enfin, le 21 mars, quand il le sut rentré dans Paris, M. Bretteville alla lui-même dans la chambre de sa fille lui annoncer le retour de *l'empereur Napoléon-le-Grand*, du *sauveur de la France;* une autre lettre, remise habilement par la soubrette, annonçait à Amélie une autre arrivée. Les Cent-Jours furent témoins du mariage des deux jeunes gens.

LA MORT DU DUC D'ENGHIEN.

PRÉAMBULE.

La salle où allait être amené le prince, à la sortie de son cachot, avait un aspect lugubre. C'était dans des salles semblables qu'avaient dû siéger les cours véimiques du moyen âge, qui, elles aussi, jugeaient la nuit; c'était avec ce mystère que les juges masqués des tribunaux de l'Inquisition avaient dû rendre leurs arrêts; de sombres lueurs projetées par de rares flambeaux semblaient, non pas l'éclairer, mais y rendre les ténèbres visibles.

A l'intérieur, la solitude; au dehors, le bruit du vent qui agitait les vitres frémissantes; sans doute, il y avait des sentinelles, mais leurs pas, lourds et mesurés, qui frappaient les dalles des corridors voisins, éveillant l'idée d'une puissance invincible comme celle de sa destinée, contribuait encore à augmenter sa terreur.

Les juges arrivèrent lentement, prirent place en silence, et parurent épouvantés de leur mission.

Après en avoir acquis une plus complète connaissance, ils reconnurent qu'ils étaient désignés, institués et convoqués en vertu de pouvoirs extraordinaires; ils durent s'avouer que le gouverneur de Paris, qui seul avait dû signer l'ordre auquel ils avaient cru obéir, ne l'avait pas fait.

Enfin ils se demandèrent s'ils pouvaient juger un accusé à qui la loi accorde un défenseur, et auquel le gouvernement n'en avait pas donné. (Loi du 13 brumaire an V, art. 19.)

L'idée que le premier consul exigeait d'eux une obéissance homicide; l'idée, qu'à ses yeux, un meurtre pouvait être commandé comme une partie du service militaire, les accablait de douleur; ils se sentaient profondément humiliés d'une telle confiance.

On alla chercher le prince.

NARRATION.

Il fallut réveiller d'un profond sommeil cet autre Condé, à la veille d'un jugement; il était, comme son aïeul, à la veille d'une bataille, calme et tranquille, aussi s'avança-t-il vers ses juges avec une dignité modeste, aussi éloigné de les braver, que de trembler devant eux; seulement, qui l'eût connu auparavant eût remarqué que le malheur avait rehaussé sa noble contenance.

Interrogé sur son nom et sur ses actes, il répondit à la première de ces questions sans orgueil, et à la seconde avec franchise.

— Vous êtes accusé, lui dit le président, d'avoir pris part à un complot que poursuit la justice, et qui avait pour but l'assassinat du premier consul.

— Je repousse, répondit-il, une accusation que dément mon caractère, que n'appuie aucune preuve et que ne soutiendrait aucun témoin, si on avait osé en produire contre moi.

L'embarras ou l'émotion du président lui firent garder un moment le silence, puis il reprit :

— Vous avez servi contre votre pays sur les bords du Rhin.

— J'ai servi, dit le prince, dans l'armée de mon grand-père où j'ai combattu pour la cause de ma famille que je crois être celle de la France.

— Vous ne pouviez avoir cette croyance, car vous aviez à côté de vous des étrangers, et en face de vous des Français.

— Comme Henri IV à Ivry.

Ici un des juges se pencha vers un de ses collègues, comme pour lui faire une question.

— Enfin vous avez attaqué la France.

— Je n'ai point attaqué la France, mais son gouvernement, gouvernement qu'elle a depuis hier et qu'elle n'aura plus demain, gouvernement que veulent changer ceux qui me reprochent de le haïr, et qui, par sa conduite envers moi, justifie ses ennemis.

— La loi que nous sommes chargés d'appliquer punit de mort le fait qui vous est reproché et que vous avouez.

— La loi ne peut condamner celui que la justice absout.

Si l'on veut prêter un discours au prince, on peut

tirer de la narration qui précède les preuves, non pas de son entière innocence aux yeux de juges républicains, aux yeux de magistrats militaires, mais la preuve de la nécessité morale où l'on était de le renvoyer absous, et de lui tenir compte des circonstances où il s'était trouvé en servant dans l'armée de son grand-père.

A son égard, pouvait-on dire, le droit des gens avait été violé.

Les lois françaises elles-mêmes n'avaient pas été observées.

Il n'avait pas eu le temps de préparer sa défense.

On ne lui donnait pas d'avocat.

On le jugeait la nuit.

On avouait l'illégalité du procès par la crainte de le faire au grand jour.

On devait craindre l'effet moral que produirait sa condamnation

Pour la France,

Pour le gouvernement,

Pour le chef de ce gouvernement,

Pour les juges même qui l'auraient prononcée.

DU CLASSEMENT DES PREUVES.

Nous l'avons dit, et nous le répétons :

Règle générale : il faut réserver, pour la fin du discours les preuves les plus fortes ; mais, pour juger si une preuve est forte, il faut moins la considérer en elle-même que par rapport à ceux à qui on la présente ; car telle preuve qui est décisive pour un magistrat, comme L'Hôpital, est faible pour un soldat, qui ne connaît de règle que sa consigne : telle raison, tirée de l'intérêt personnel, n'a aucune valeur à une époque de tranquillité, qui en a une fort grande à une époque de troubles civils.

D'après cela :

Nous estimons que l'illégalité de la procédure suivie à l'égard du duc d'Enghien, ne doit pas toucher beaucoup des officiers étrangers à la connaissance des lois, et qui, souvent, avaient vu ces mêmes lois bravées par leurs généraux et par le gouvernement lui-même.

Nous pensons donc que les raisons tirées de la violation du *droit* des gens, des *lois* françaises et de la *justice* naturelle, doivent être présentées en premier lieu, comme étant non pas faibles par elles-mêmes, mais faibles dans la circonstance où elles sont présentées.

Les raisons tirées de la *position* personnelle du prince, de son extrême *jeunesse*, de la gloire, de sa famille, de ses devoirs à l'égard de son grand-père, nous paraissant meilleures, nous les mettrons en second lieu.

Nous réserverons pour la fin l'appel fait, par l'orateur, aux intérêts de la France, du premier consul et des juges eux-mêmes.

DISCOURS.

Vous invoquez la loi pour me condamner; mais c'est au mépris de toute loi que j'ai été enlevé sur un territoire étranger, conduit à Strasbourg et amené dans cette forteresse; c'est au mépris de vos lois elles-mêmes que je suis traduit devant un tribunal exceptionnel, assemblé à la hâte, et où plusieurs officiers ont refusé de siéger; c'est enfin contre toute espèce de justice que vous me refusez ce qu'on ne refuse nulle part, et dans aucune circonstance et à aucun accusé, un défenseur! Quand les faits, qui me sont reprochés, seraient reconnus vrais, quand ils seraient reconnus coupables, j'aurais encore le droit de trouver rigoureuse la sentence qui les punirait de mort, et qui m'enlèverait, si jeune encore, à l'entrée de ma carrière, à l'affection de mes parents, et à mes propres espérances.

Mais, accusé d'un complot auquel je suis étranger, pour une conduite que j'ai dû tenir comme prince, comme fils et comme soldat, je crois avoir, à vos yeux, les droits de l'innocence en même temps que ceux du malheur.

Loin de moi, cependant, la pensée de chercher à vous émouvoir et de demander à votre pitié la protection que me doit votre justice; dussé-je n'avoir revu le sol de ma patrie que pour l'arroser de mon sang, je ne rachèterai point ma vie par une faiblesse; je n'entends la défendre qu'en invoquant votre conscience d'honnêtes gens et votre loyauté de soldats.

Peut être aussi puis-je vous dire que d'autres intérêts que les miens se rattachent au jugement que vous allez rendre, et que ce n'est pas seulement ma vie que vous tenez dans vos mains.

En effet, frappé sans défense, à la hâte et dans l'ombre, je paraîtrai, en France et ailleurs, une victime sacrifiée aux inquiétudes de l'ambition; mon sang criera contre ceux qui l'auront demandé et contre ceux qui l'auront versé.

Si donc vous aimez votre pays, ne donnez pas à ses ennemis un prétexte pour user envers lui de représailles.

Si vous aimez votre chef, ne jetez pas mon sang sur sa robe consulaire.

Si vous prenez souci de vous-mêmes, vous, braves soldats, qui êtes revenus vainqueurs de tant de champs de bataille, respectez votre gloire, et demandez à ceux qui vous commandent d'employer vos cœurs et vos bras à choses faisables.

LE JOUR DE RECETTES POUR LE PROPRIÉTAIRE.

La plupart des hommes passent leur vie à souhaiter des jours de repos, où ils n'arrivent que pour y trouver l'ennui. Le négociant aspire à se retirer des affaires; le marin à descendre à terre; le commis à quitter ses bureaux. « Quand aurai-je ma retraite, s'écrie l'officier! — Quand sortirai-je de mon étude, se dit le notaire! — Oh! que la session est affreusement longue, pensent en eux-mêmes le pair, le député, le ministre, et peut être le roi lui-même. » Et quand tous ces hommes voient enfin leurs vœux exaucés, ils gémissent de l'oisiveté qu'ils ont demandée; à peine heureux, ils regrettent leurs tourments. Des épiciers retirés dans leurs hôtels, des huissiers dans leurs châteaux, des comédiens dans leurs terres, ont regretté les balances, le papier timbré et les planches. Je dirais volontiers à ces oisifs qui se plaignent: Faites du bien, cela vous désennuiera mieux que la lecture, la table, la promenade, le spectacle et le reste. Êtes-vous riche? faites du bien avec votre bourse. Êtes-vous pauvre? faites du bien avec votre cœur, par d'utiles conseils, d'officieuses démarches, et par de bonnes paroles.

Assis à mon bureau, j'étais occupé à donner ces

conseils aux humains, mes confrères, sans songer à les prendre pour moi-même, quand j'y fus ramené par le dialogue suivant qui s'établit entre mon portier et moi.

LOCATAIRES ET PROPRIÉTAIRES.

MOI.

Si bien que tu veux marier ta fille.

LE PORTIER.

Un bon parti se présente pour elle, le fils unique au père Pompier, un vieux de la vieille, mon maréchal-de-logis au deuxième des chasseurs à cheval, rien que cela, un paroissien qu'a vingt pièces de vin dans sa cave, excusez du peu; et puis, Monsieur n'est pas sans savoir qu'un marchand de vin ça voit des gens d'importance, des sommeillers, des valets de chambre, des laquais de grandes maisons, et le père Pompier pourra procurer des pratiques au jeune ménage qui achète un fonds de pâtissier.

MOI.

Ton argent est prêt?

LE PORTIER.

Il n'y a plus que cela qui manque.

MOI.

J'entends, j'ai promis de faire quelque chose pour Marie, qui me paraît douce et bonne; mais le diable et mon neveu s'en sont mêlés, et ma bourse est à sec dans ce moment ; toutes mes ressources, pour doter Marie, consistent dans le paiement du terme échu dans ma maison de la rue Caumartin ; je vais m'y rendre, et ma recette sera pour ta fille, à laquelle il faut taire une bonne volonté qui peut être inutile.

Dix minutes après ces deux mots de conversation avec mon portier, je m'acheminais vers la rue Caumartin, muni de mes quittances et accompagné de Mlle Marie, qui me donnait le bras. Au redoublement de ses prévenances et de ses attentions pour moi, je compris qu'elle savait ou qu'elle devinait la vérité ; bavardage de portier, sagacité de jeune fille dans une chose où son cœur est intéressé, ces deux choses peuvent également se supposer. Malheureusement pour elle, il n'y avait de vrai que mon désir de l'obliger, car, l'exactitude de mes locataires à me payer ne m'était aucunement garantie ; ils m'appelaient le bon homme et me traitaient comme tel.

A mon arrivée, je trouvai dormant d'un sommeil profond le portier du n° 12 ; je me serais peut-être fâché de cette circonstance, si je n'avais aperçu sur les genoux du dormeur l'excuse de sa faute, le *Moniteur* du jour et un discours de M. Muret de Bord.

—V'là, v'là, M'sieur, s'écria le cerbère, en entendant ma voix, v'là le père Thomas, toujours fidèle au poste, toujours l'œil ouvert, comme vous voyez ;

puis, ce disant, il ôta son bonnet, me montra respectueusement son crâne jauni par soixante hivers, et, les clefs à la main, se mit en mesure de nous précéder sur l'escalier. Madame veut sans doute voir les appartements vacants, je vois cela ; rien de plus facile : il y a d'abord le cintième, un amour d'appartement, c'est mon épouse qu'en a soin, fraîchement décoré, je m'en flatte, qui a en face une vue superbe, le *Magasin de fourrages* ; des voisins, tout ce qu'il y a de mieux, le premier serpent de la Madeleine et le pédicure du roi de Hollande, tous gens comme il faut, que c'est moi qui cire leurs bottes ; et si Madame a besoin pour ses bottines, ce n'est pas pour me vanter, mais je ne suis pas de ces portiers comme il y en a d'aucuns, qui flibustent les pratiques pour le marchand de vin ; mais, suffit, assez causé, je ne suis pas une méchante langue.

J'interrompis Thomas dans un monologue qui menaçait d'être indéfini, et je lui dis de se renfermer dans son devoir et dans sa loge, que nous n'avions nul besoin de ses bons offices.

Nous montâmes.

Dans l'appartement du premier, à droite, nous trouvâmes (il était midi) le frotteur appuyé sur l'instrument de sa profession et replaçant sur l'angle d'une console un petit verre de kirsch qu'une soubrette attentive venait de lui apporter, et dont le claquement de ses lèvres nous annonça qu'il était satisfait. Mademoiselle, dis-je à la donzelle, dites à madame que le propriétaire de son appartement tient à sa disposition la quittance du terme échu de son loyer.

— Madame ne m'a pas encore sonnée, il faudra que Monsieur attende, ou qu'il revienne.

— Je ne puis faire ni l'un ni l'autre. Allez!

Après le départ de la soubrette, qui alla avertir madame, et dont le regard d'adieu fut d'une suprême impertinence, je vis sortir également le buveur de kirsch qui laissa, à regret sans doute, son œuvre interrompue (c'est du petit verre qu'il s'agit, et non de la besogne de frotteur); nous nous arrêtâmes, Marie et moi, à considérer le riche mobilier du salon où nous étions. Que de belles choses! s'écria ma compagne, émerveillée à la vue des tentures de Damas, des tapis d'Aubusson, des bronzes de Ravrio et des crépines d'or qui relevaient des portières de soie.

— Que de superfluités! pensai-je en moi-même!

— J'augure bien, reprit Marie, du succès du message dont vous avez chargé la femme de chambre.

— Et moi, j'en attends la réponse avec inquiétude.

— Des gens si riches!

— Des gens si prodigues!

— Ils doivent avoir des monceaux d'or.

— Ils doivent avoir des dettes.

— Ce qui est dû à Monsieur est peu de chose?

A cette phrase qui était timidement interrogative, je me confirmai dans l'opinion où j'étais que la pauvre Marie se savait intéressée dans le succès de mes recouvrements.

— Monsieur, me dit en rentrant bientôt la soubrette avec un air aimable où je vis une précaution oratoire de mauvais augure, Madame vous prie d'avoir la bonté d'attendre.... quelque temps.

— J'attendrai une demi-heure ; j'ai besoin de ce temps pour régler avec les locataires des étages supérieurs. Cela dit, je sortis, étonné moi-même de ma fermeté. A la manière dont Marie reprit mon bras, je compris qu'elle devinait l'effort que j'avais dû me faire, et qu'elle m'en remerciait.

En face, sur le même palier, la pièce d'entrée n'offrait aux regards, sur les murailles nues, que des cartes géographiques, des nomenclatures historiques, un tableau de bois noir sur un chevalet, quatre planches formant bibliothèque, deux tables de travail et quelques chaises couvertes en paille. Encore une déception pour ma pauvre dot, dut penser Marie, à la vue de ces tristes apparences; étude, me dis-je en moi-même, économie, éducation paternelle! voilà les gages d'un paiement exact et qui, en effet, ne se fit pas attendre; je reçus en outre de mes hôtes cet accueil qu'on ne reçoit que des bonnes gens, accueil qui seul devrait flatter, car si on doit être poli pour tout le monde, on ne doit de la bienveillance qu'au petit nombre.

— Charge-toi de ces deux cents francs, dis-je à Marie, à mon âge le moindre fardeau ralentit la marche.

Au deuxième, le petit clerc de l'avoué qui en occupait la droite, quitta l'esquisse commencée d'une caricature pour nous introduire dans le cabinet de son patron, qui souriait de son côté à une magnifique expropriation forcée dont il avait l'affiche devant les yeux, et que lui avait ménagée un usurier de sa connaissance, fils d'un ancien procureur, et qui en avait fidèlement recueilli les écus et les traditions. L'avoué me dit : « Mon cher propriétaire, voilà un billet de trois cents francs, à six semaines, sur un M. Basset, rue de Paradis au Marais, cela vaut de l'or.

— Sauf l'escompte et le prix d'une voiture pour l'aller toucher au bout de Paris. — Vous pensez à tout. — Vous n'oubliez rien. Aussi comptai-je sur votre exactitude pour évincer de céans la dame du premier, si demain, à midi, elle ne vous a pas remis le montant de cette quittance. — Il sera fait selon votre volonté, reprit l'homme de loi, qui, silencieusement préleva sur les cent écus qu'il venait de me compter, le montant des frais de poursuite ; puis il ajouta : Vous serez payé, sa femme de chambre m'honore de sa confiance, et puis j'observe. Je donnai les 200 francs de l'observateur à Marie, ce qui fit éclore une rose de plus sur son gracieux visage; toutefois, je n'avais encore rempli qu'au tiers ma tâche et ma bourse, et j'avais des doutes sur mon locataire du troisième, qui avait beaucoup d'honneur et d'argent, mais qui, en sa qualité de joueur, ne devait pas tarder à perdre l'un et l'autre. Absent depuis la veille, le malheureux n'était pas encore rentré; pâle, tremblante, sa jeune femme l'attendait avec une inexprimable anxiété; même en notre présence, le moindre bruit la faisait tressaillir; elle n'osait ni m'avouer la détresse de son secrétaire, de peur d'humilier son mari, ni prendre un engagement de me payer, qui pouvait n'être pas rempli. Je ne l'obligeai point à m'exprimer de vive voix ce que son regard me faisait comprendre, et je me disposais à sortir, quand, au bruit encore éloigné d'un pas qui lui était bien connu, je l'entendis pousser un faible cri, se lever, et, chancelante, retomber bientôt sur son fauteuil. Toutes les joies lui affluaient au cœur; à la marche rapide et assurée de son mari, elle avait senti s'évanouir toutes ses craintes, elle le revoyait, tout était oublié. Après l'avoir embrassée : « Ah! c'est vous, mon cher propriétaire, me dit-il, en me prenant affectueusement la main, je vous dois plus que vous ne pensez. — Deux cent vingt-cinq francs, — sans doute, et les voilà; mais je vous dois aussi une bonne pensée, celle de donner ma démission de membre de ce club qui vous causait tant d'alarmes; le dessein en est pris, je le quitte. — Soit, lui dis-je.

« Mais pour être approuvés, de semblables projets veulent être achevés. »

A gauche logeait un député, qui, de prime abord, me présentant les deux cents francs du terme échu, m'épargna la pudeur de les lui demander : « Je suis ici, me dit-il, un peu à l'étroit, je vous demande la succession de la dame qui habite votre premier, je reçois beaucoup de monde, des gens haut placés, des ministres par fois, et je me résigne à des sacrifices d'argent.

Je compris que mon homme était à la veille de monter à quelque bonne place, puisqu'il demandait à descendre de deux étages.

— Ton sac commence à s'alourdir, dis-je à Marie, voilà neuf cent cinquante francs. Si tu veux nous nous en tiendrons là.

— Comme Monsieur voudra ; mais je ne suis pas fatiguée, me dit-elle sous l'influence d'une pensée dont je ne lui demandai pas compte.

Je savais par mon portier qu'au premier, n° 4, l'entente entre le mari et la femme n'était pas très-cordiale ; aussi, éprouvai-je une sorte de surprise à la vue de la dame que je croyais absente ; cette surprise cessa quand j'appris que le mari était devenu riche. Sa tendre moitié avait alors compris qu'elle se devait au bonheur de son époux, et elle était venue reprendre la pratique interrompue des vertus conjugales.

Je fus payé.

Nous montâmes au troisième étage, moi avec un surcroît de fatigue, Marie, dont le fardeau s'augmentait, avec un redoublement de légèreté.

Mon créancier de droite était un poëte ; sans se lever à ma vue, il me fit majestueusement signe de m'asseoir. Je lui présentai ma quittance. — Je lirai vos vers, me dit-il, mais écoutez ceux-ci, que je mets dans la bouche de l'usurpateur Cromwell :

Ne puis-je réclamer, pour prix de mes exploits,
Un rang que le hasard donne au commun des rois ;
Sauveur de mes sujets, je régnerai sans crime :
Le roi d'un peuple heureux est un roi légitime !

— Le locataire payant est le seul légitime, lui répondis-je avec un flegme imperturbable et en lui présentant de nouveau ma quittance.

— J'entends, reprit-il, vous voulez que Cromwell signe son abdication, qu'il résigne le pouvoir qu'il tient du peuple, qu'il prosterne ses victoires aux pieds de la légitimité, en un mot, qu'il sorte du palais. Eh bien ! il y restera : on peut tomber d'un trône, on n'en doit pas sortir.

Je tenais toujours mon papier à la main. Il me regarda fièrement, et me dit : — Quels sont vos droits ? — Ceux d'un propriétaire. — On vous donnera de l'or. « Chancelier, dit-il au portier qui lui apportait un petit pain et un angle aigu de fromage, donnez-lui l'or qu'il vous demandera. » Je compris que je devais mettre cette créance à l'article des non-valeurs et faire porter les pénates du pauvre insensé dans une mansarde, d'où il pourrait contempler la beauté du ciel et le néant des choses de la terre.

Au-dessus du député logeait un fournisseur de l'armée d'Afrique, homme d'esprit et auquel il en avait fallu beaucoup pour se faire regarder comme un honnête homme. En orateur habile, il me présenta comme exorde les deux cents francs de son terme, et me demanda ensuite ma protection auprès d'un inspecteur qu'il savait, disait-il, être de mes amis; on l'avait noirci, disait-il, dans l'esprit du ministre, homme à vues étroites, et qui descendait dans des détails indignes de lui. L'administration le faisait inquiéter, lui dont les écritures étaient régulières, lui dont les comptes étaient exacts. J'aurais peut-être songé à faire ce qu'il me demandait, sur la foi de son arithmétique, si je n'eusse appris le lendemain que, prévenu à temps par un homme de bien, et justement impatienté de l'indécente curiosité que montrait la justice à son égard, il s'était réfugié à Bruxelles, au sein d'une société, ennemie des tracas judiciaires.

Il ne manquait plus à la dot de Marie que deux cent cinquante francs, mais la probabilité de les obtenir était faible; je communiquai à Marie, ma compagne, les raisons de mes inquiétudes; elle ne parut pas les partager.

Parmi les locataires du 4e, était un musicien qui comptait, disait-il, sur un prêt infaillible que devait lui faire un marchand de vin, dont il avait achalandé l'établissement et qui lui devait de la reconnaissance.

Plus un commis de M. de Montalivet, qui attendait une gratification de la liste civile, et enfin un actionnaire de l'*Époque* qui attendait le paiement d'un dividende.

Il me restait à voir une jeune femme, veuve d'un officier, mère de deux enfants et réduite à l'une de ces misères qui surpassent toute imagination. Pourtant son argent était prêt, et à ma vue elle dit à sa plus petite fille de présenter au monsieur le petit rouleau de cinquante francs.

De la main je montrai à l'enfant celle qui tenait la bourse. Au regard que Marie leva sur moi, je devinai la prière que m'adressait son cœur et que sa bouche n'osait exprimer.

Ce regard me paya de mon sacrifice; il m'apprit que, dans quelques belles âmes, la bonté impose silence à l'amour même, et qu'au spectacle de certaines souffrances, on a honte de son bonheur.

— Madame, dis-je à la pauvre veuve, votre écriture est belle; s'il vous convenait d'occuper vos loisirs à me copier des manuscrits précieux que je ne puis confier qu'à une personne intelligente et délicate, je mettrais à ce service le prix qu'il vous conviendra de fixer. Je suis quelque peu auteur, et ma gloire est intéressée à la beauté d'une écriture qui me fera lire avec plus de plaisir. J'ai donné 200 francs pour ce travail une première fois; mais fait par vous, Madame, il sera beaucoup mieux; vous trouverez les manuscrits dans la chambre de votre voisin, qui va devenir vacante.

Le visage de la pauvre femme se couvrit des larmes de la plus pure reconnaissance. J'ajoutai · « Gardez, Madame, ceci comme à compte, je vous enverrai le papier que je désire employer pour cette copie. »

— Monsieur, me dit mon portier comme je descendais, on demande à louer vos remises et vos écuries.

— Mon vieux, voilà les trois cents francs qui sont le prix de la chose, me dit familièrement une soubrette du théâtre de la Gaîté, à laquelle il venait d'arriver un oncle d'Amérique.

La dot ainsi récoltée, nous partîmes, Marie heureuse de ce qu'elle avait obtenu, moi heureux de ce que j'avais donné.

DIALOGUE SUR CETTE QUESTION :

Une mère ne doit-elle pas plus qu'un père être aimée de ses enfants?

EXPOSÉ DU SUJET.

Quand il est petit, un enfant coûte plus de soins à sa mère qu'à son père; quand il est grand, c'est le contraire. En second lieu, une mère s'occupant de ce qui est relatif au corps, et le père de ce qui est relatif à l'intelligence, plus de reconnaissance est dû en apparence à celui qui rend les services de l'ordre le plus élevé.

On peut dire aussi que les devoirs d'un père s'étendent plus encore que ceux d'une mère à toute la durée de l'existence d'un enfant.

Enfin on peut croire que celui-là rend plus de services, qui a le plus de puissance.

A chacune de ces objections, une question doit être opposée ; ainsi on peut dire :

1° Les services doivent être jugés sur ce qu'ils coûtent et non sur leur importance.

2° Si le père agit avec plus de force sur l'intelligence d'un enfant, une mère agit avec plus de force sur son cœur.

3° Elle a plus de pouvoir, parce qu'elle touche ce qu'il y a en nous de plus sensible.

CORRIGÉ.

PHILARÈTE.

On conçoit qu'à toute force il puisse y avoir des circonstances où un fils est excusable de manquer à son père ; mais s'il en était un qui pût maltraiter sa mère, il serait un monstre qu'il faudrait étouffer.

EUDORE.

C'est là un paradoxe semblable à beaucoup d'autres, qu'a soutenus son auteur (1), mais qui n'en est pas moins une erreur ; un père n'a pas moins droit qu'une mère à l'affection de ses enfants.

PHILARÈTE.

Une mère a seule les douleurs et les périls de sa naissance.

(1) J.-J.

EUDORE.

Elle obéit, sans nul mérite, à la nécessité, à la loi que Dieu lui a faite, à sa condition de femme.

PHILARÈTE.

Dans les soins qu'elle donne seule au nouveau-né, il n'y a pas obéissance, il y a dévouement volontaire.

EUDORE.

Il y a instinct.

PHILARÈTE.

L'instinct est aveugle et l'amour maternel est éclairé ; il devine les besoins, il pressent les dangers, et il satisfait aux uns comme il écarte les autres, par une série de sacrifices auxquels un père demeure étranger.

EUDORE.

Ces sacrifices n'embrassent que l'enfance ; ceux du père s'étendent à tous les âges ; à lui les soins du présent et les inquiétudes de l'avenir.

PHILARÈTE.

Il en a moins de mérite, car il est payé de ce qu'il fait pour un fils intelligent, par la reconnaissance que celui-ci lui en témoigne, tandis qu'une mère se dévoue au soin d'un enfant qui ne comprend pas même, qui ne comprendra jamais tout ce qu'elle a fait pour lui : sommeil, liberté, plaisirs, santé, beauté même, elle donne tout à une petite créature aveugle et insensible ; son amour pour son enfant est donc plus désintéressé, plus pur et plus complétement admirable que celui du père.

EUDORE.

L'enfant doit plus à son père, qui seul cultive son intelligence.

PHILARÈTE.

Soit; le père lui donne la science quand il en a lui-même, mais pas plus qu'une mère il n'a le don exclusif de l'intelligence que Dieu a fait à toute créature créée à son image.

EUDORE.

La femme elle-même convient du contraire; elle abdique son empire sur l'enfant quand elle le voit grandi; elle le cède à celui qui est leur supérieur commun, à celui qui a la raison qui est le tout de l'homme.

PHILARÈTE.

Ce qui est le tout de l'homme, c'est le caractère, car la raison, c'est la lumière qui montre le bien; le caractère, c'est la volonté qui l'accomplit; or une mère a-t-elle moins d'empire que le père sur les déterminations de son fils? il est permis d'en douter. Un père explique ou commande ce qui doit être fait; une mère en inspire doucement la pensée et le désir; elle triomphe des résistances que rencontre souvent l'autorité paternelle par ses prières et par ses larmes; elle a plus de prise sur son fils, précisément parce qu'elle est femme; un père et son fils sont souvent deux forces qui se heurtent, et dans le choc desquelles celle qui cède est froissée; mais une mère qui attaque les résolutions de son fils, emploie des ménagements, écarte les reproches ou les adoucit par des éloges.

DIALOGUE

SUR LE MEILLEUR MODE D'ÉDUCATION.

Sommaire.

L'éducation privée est-elle préférable à l'éducation publique? Voilà la question qui est posée ici, et que deux interlocuteurs examinent dans un dialogue. L'un des interlocuteurs se déclare pour l'éducation de famille, l'autre pour l'éducation des colléges.

Chacun d'eux expose les raisons de sa préférence.

Quintilien dans ses *Institutions oratoires;* Rollin dans son *Traité des études,* leur fournissent à chacun des arguments.

DÉVELOPPEMENT.

A un dialogue, comme à toute espèce de composition, il faut un plan.

Le plan de celui qui nous occupe est fort simple; il consiste à considérer l'éducation dans ses divers objets, qui sont:

1° Le perfectionnement des facultés physiques.

2° Le perfectionnement des facultés morales.

3° Le perfectionnement des facultés intellectuelles.

De ces trois cultures doivent résulter le bonheur et la vertu de celui qui les reçoit.

FLAVIEN.

Un enfant élevé dans le sein de sa famille a naturellement, et sans étude, de belles manières, le sentiment des convenances et le ton de la bonne société.

LÉONCE.

Avantages secondaires acquis aux dépens de la franchise et de la loyauté du caractère, qui doivent être surtout les qualités du jeune âge, et qui se perdent au milieu de ce qu'on appelle le monde élégant.

FLAVIEN.

Quand on est destiné à vivre dans ce monde, il faut de bonne heure en prendre les habitudes.

LÉONCE.

On est destiné à vivre partout; et l'enfant qui vit loin du collége incline à le mépriser, et il s'en croit distingué parce qu'il en est séparé. L'éducation d'ailleurs a une mission plus haute que celle d'enseigner la politesse qui ne manque jamais à ceux qui ont de la bienveillance.

FLAVIEN.

Eh bien! donne à l'éducation son véritable but, celui d'enseigner la vertu; je n'en aurai que plus de raisons de préférer celle de la famille à celle des colléges.

LÉONCE.

J'en doute; la vertu, c'est la pratique des devoirs, c'est l'accomplissement de ce que nous devons à Dieu, à nous-mêmes et aux autres hommes. Or, on sert Dieu partout, partout on peut se respecter soi-même; et quant à la société, nulle part on n'apprend mieux ses devoirs envers elle que dans un collége, qui est son image à beaucoup d'égards.

FLAVIEN.

Par conséquent on y trouve ses vices.

LÉONCE.

Moins dangereux que ceux des valets des grandes maisons et des gens de plaisir qui les fréquentent; le vice, dans les assemblées, les festins et les fêtes du grand monde, pose comme modèle et enseigne comme maître; il a là toute son autorité et toute son influence; au collége, il n'est qu'un candidat qui s'essaye, que l'on observe et qu'au besoin on chasse sans pitié.

FLAVIEN.

Des maîtres valent-ils des parents pour veiller sur l'innocence de leurs enfants?

LÉONCE.

Ils valent beaucoup mieux, car ils ont moins d'aveuglement et plus d'expérience.

FLAVIEN.

Ont-ils pour la santé d'élèves nombreux les soins d'une mère pour son fils?

LÉONCE.

Les gages de la santé des enfants, c'est une nourriture simple, des repas réguliers, des jeux dans les cours du collége, et des courses dans les promenades, toutes choses qu'on ne trouve que dans les colléges.

Est-ce qu'un enfant, chez ses parents, n'est pas gâté par sa mère? Est-ce qu'un enfant qui est seul met de l'ardeur dans ses jeux et dans ses exercices? Est-ce qu'il devient aussi robuste qu'un autre?

FLAVIEN.

Il garde ses qualités morales.

LÉONCE.

Et ses défauts. Rien n'est tel au contraire que de petits camarades pour corriger ceux d'un enfant; ils ne lui passent ni mauvaise humeur, ni prétentions vaniteuses, ni railleries, ni injustices; ils lui font tout sentir, tout expier, tout réparer : cet âge est sans pitié. Parlez-moi des écoliers pour former le caractère!

FLAVIEN.

De là des haines.

LÉONCE.

Des haines d'un moment qui font place à des amitiés durables, parce que l'intérêt n'y est pour rien et qu'elles viennent seulement du cœur. Quel homme, au déclin de sa vie, ne reporte sa pensée vers les affections du jeune âge? Quelles amitiés valent celles du collége?

FLAVIEN.

Vous m'accorderez du moins qu'un maître particulier qui n'a qu'un enfant à instruire, est à même de mieux l'instruire.

LÉONCE.

Je vous accorderai cela moins que tout le reste. Un

maître, qui est seul avec son élève, n'a pas plus que lui d'ardeur pour le travail ; il faut au maître un vaste auditoire pour l'animer, comme aux enfants il faut des émules qu'ils désirent atteindre et surpasser. Un maître s'adressant à cinquante élèves peut avoir d'éloquentes inspirations et ressentir de l'enthousiasme en même temps qu'il en donne à ceux qui l'écoutent : mais qu'il débite avec feu du Démosthènes à un enfant isolé, il perdra son temps et paraîtra ridicule.

FLAVIEN.

Non, il arrivera à son but par la patience.

LÉONCE.

Il en a moins qu'un professeur de collége, dont la tâche de chaque jour est bornée, et qui fait avec plus de zèle ce qu'il fait seulement pendant deux heures, comme l'enfant de collége, de son côté, se distrait de l'ennui du travail en changeant de maîtres.

FLAVIEN.

Plus il a de maîtres, plus il s'expose à en avoir de médiocres.

LÉONCE.

Plus il a de chance au contraire pour en avoir d'excellents; car chacun d'eux a sa partie, sa mission spéciale à laquelle il peut se donner tout entier ; au lieu qu'un maître particulier est obligé d'être à la fois géomètre, littérateur, philosophe, historien, grammairien, et d'exceller dans toutes ces parties, ce qui est impossible; sans compter que, dans l'université, il y a pour les maîtres des épreuves et une inspection, comme pour les élèves il y a des examens, une surveillance et une distribution de prix, toutes choses qui manquent dans l'éducation privée.

BONHEUR DU PAUVRE.

LE CHASSEUR ET LE BUCHERON.

Comme ils suivaient la même route, ils s'accostèrent, et, en cheminant de compagnie, ils devisaient des choses de la vie.

LE BUCHERON.

O heureux les riches!

LE CHASSEUR.

Je conçois votre exclamation à la vue de ce vaste château entouré de jardins magnifiques et dont les fenêtres ouvertes laissent apercevoir le splendide mobilier ; mais ces belles apparences peuvent cacher des misères : peut-être que sur ces lits de soie gémit un paralytique ; peut-être que derrière ces frais ombrages se traîne un goutteux. Qu'y a-t-il dans un cocon de soie? Une chenille.

LE BUCHERON.

Là est le repos.

LE CHASSEUR.

Et l'ennui.

LE BUCHERON.

Rien n'empêche un riche de s'occuper.

LE CHASSEUR.

Rien ne l'y porte; et sans raison d'agir, il reste inactif, comme l'eau reste immobile quand il n'y a pas de vent. Or, quand l'eau dort elle se corrompt; il en est ainsi de l'homme, qui n'est sain et robuste qu'autant qu'il travaille.

LE BUCHERON.

Si le besoin chasse le pauvre de son lit, l'idée du plaisir en chasse le riche : tous deux se lèvent, l'un pour travailler, l'autre pour se divertir.

LE CHASSEUR.

Oui, mais avec cette différence que l'un accroît ses forces par le travail, et que l'autre diminue les siennes par ses plaisirs.

LE BUCHERON.

Quand il en abuse.

LE CHASSEUR.

Il en abuse presque toujours, parce qu'il y a dans le plaisir un aiguillon qui l'y excite.

LE BUCHERON.

On peut aussi abuser du travail.

LE CHASSEUR.

Rarement; il y a comme attaché au travail un poids qui le ralentit; et non-seulement l'abus des plaisirs est plus commun que celui du travail, mais il est aussi plus funeste. Que résulte-t-il communément d'un excès de travail? Un peu de fatigue que le sommeil dissipe. Mais après la débauche viennent d'affreuses maladies, parfois la mort, et toujours la tristesse.

LE BUCHERON.

Est-ce un crime de s'amuser?

LE CHASSEUR.

S'amuser! Crois-tu que le riche, qui dissipe en fausse joie un argent qui sauverait vingt familles de la misère et du vice, ait le cœur aussi content que le pauvre entouré de ceux que nourrit son travail? Non; presque toujours les souvenirs de l'un sont des regrets, tandis que l'autre se rappelle avec une douce satisfaction ses efforts, ses sacrifices et ses peines.

LE BUCHERON.

Ses peines passées l'avertissent de celles qui l'attendent.

LE CHASSEUR.

Pourquoi? Il a vu chaque jour le travail améliorer son sort, et il espère sur la foi du passé; d'ailleurs, il est soutenu dans ses peines par l'attachement qu'il porte aux siens.

LE BUCHERON.

Tout homme aime sa famille.

LE CHASSEUR.

Plus ou moins; or, l'affection du pauvre pour la sienne est en raison de ce qu'elle lui coûte de fatigue. Chose admirable, mais profondément vraie! on s'attache par la souffrance. L'enfant le plus cher à sa mère est celui qui a failli lui coûter la vie; la patrie la plus aimée est celle pour laquelle on a combattu; les plus humains des hommes sont ceux qui ont bravé le martyre, en allant porter aux sauvages les paroles de l'Evangile. Il faut entrer dans la cabane du pauvre pour savoir tout ce qu'il y a dans le cœur d'un père. L'enfant du riche, élevé loin du foyer par des étrangers, ou à la maison par des mercenaires, est presque vu avec indifférence par ceux qui lui ont donné le jour et rien de plus.

LE BUCHERON.

Mais plus un père est aimant, plus il souffre de l'ingratitude.

LE CHASSEUR.

L'ingratitude est plus rare dans ceux qui ont eu constamment sous les yeux le spectacle des souffrances endurées pour eux sous le chaume.

Le dévouement du père, les soins de la mère, l'amour de tous deux, éclatent par mille témoignages de tous les jours, de toutes les heures; l'impression en est donc plus durable. Plus aimé de ses enfants et de leur mère, le pauvre inspire aussi plus de bienveillance à ses proches, à ses voisins, à ses concitoyens, auxquels l'unit l'habitude, la communauté de condition, et un échange continuel de bons offices. Si donc l'homme est surtout heureux par les affections, si, du côté de l'intelligence et des sens, il n'a que des satisfactions légères ou des plaisirs grossiers ; si, enfin, les véritables joies lui viennent du cœur, n'est-il pas visible, qu'à tout prendre, la meilleure part des biens de ce monde est encore pour le pauvre ?

LE BUCHERON.

La fortune du riche lui sert à soulager le malheur, à obliger ceux qui ont besoin de lui et par là, à se faire aimer.

LE CHASSEUR.

Aime-t-on le riche qui donne son argent autant que celui qui donne son temps, ses soins, sa bienveillance et ses larmes? Qu'est-ce que le riche pour sa famille? un trésorier; pour ses amis? un protecteur; pour ses voisins? un objet d'envie; sans compter que, parmi les riches et les grands du monde, les ambitions, les rivalités, les haines, en un mot, toutes les passions qui tourmentent les hommes, ont une activité inconnue des classes inférieures, où la vie est plus calme, parce qu'elles sont plus près de la nature et qu'elles sont trop occupées des réalités pour être beaucoup soumises à l'empire de l'imagination. Ainsi, le pauvre est heureux tout à la fois de ce qu'il obtient et de ce qu'il évite.

LE BUCHERON.

Il ne vous reste plus qu'à le supposer plus honnête qu'un autre.

LE CHASSEUR.

J'y songeais. La prospérité, nous dit un grand

écrivain, soumet le cœur de l'homme à de plus terribles épreuves que l'adversité; parce que, dit-il, pour lutter contre le malheur, il ne faut que du courage; tandis que, pour résister aux séductions corruptrices de la fortune, il faut de la vertu. Le pauvre n'est du moins tenté que par son propre cœur, le riche est sollicité au mal par tous ceux qui veulent exploiter ses faiblesses ; le pauvre est contenu dans ses désirs par l'impossibilité de satisfaire; les obstacles qui souvent l'arrêtent, lui donnent le temps de réfléchir; mais pour le riche, il n'y a rien qui sépare une mauvaise pensée d'une mauvaise action.

LE BUCHERON.

Le riche est sauvé du vice par la science qui élève l'homme.

LE CHASSEUR.

Il n'y a qu'une science, celle du bien et du mal, et celle-là est à la portée du pauvre comme du riche: c'est une lumière qui éclaire tout homme venant au monde.

A ces mots, le chasseur allait s'éloigner; mais venant de reconnaître dans le bûcheron son ancien maître de philosophie, il reprit :

Sortez du cercle de la vie domestique, n'y a-t-il que pour le cœur du riche un sentiment d'admiration à la vue du spectacle de la nature? Le ciel étoilé est-il moins beau pour le pâtre assis sur la montagne; les solitudes de l'Océan sont-elles moins imposantes pour le matelot qui est debout sur son navire; le chant des oiseaux est-il moins doux pour le laboureur couché au bord de la forêt, que pour celui qui contemple la voûte céleste du haut d'un palais; que pour celui qui amasse à ses frais un riche trésor; que pour celui qui parcourt ses vastes domaines?

Les plaisirs de l'imagination, le charme des souvenirs, l'exaltation d'une âme poétique, les enchantements de l'espérance, les satisfactions, la confiance, les ineffables délices de l'amour divin et du dévouement religieux, n'existent-ils que pour les grands et les riches du monde?

N'est-il donné qu'au cœur de ces derniers de s'enivrer des joies que donnent les triomphes de la patrie, de la religion, de la liberté? est-ce à eux seuls de goûter le bonheur de la gloire? le peuple est-il insensible à ce qui est beau, lui qui seul a fait toutes les grandes choses qui se sont accomplies sur la terre? Enfin, est-il refusé au pauvre, arrivé au terme de sa carrière, d'oublier doucement les peines de la vie dans les célestes visions de l'éternité?

DIALOGUE SUR LA BONTÉ DE DIEU.

ERNEST.

Tout est bien : l'homme, depuis le berceau jusqu'à la tombe, marche sous la main de la Providence; il est reçu à son entrée dans la vie par des mains amies. Ses premiers regards découvrent des sourires, ses petits bras se tendent à des caresses.

FRÉDÉRIC.

Tout est mal : l'homme vient au monde en pleurant, ce qui a fait dire à un ancien que le limon dont il avait été pétri par Prométhée avait été délayé dans des larmes.

ERNEST.

La souffrance est dans sa destinée, sans doute, car Dieu soigne notre âme par la douleur comme par la joie; il nous soumet à des épreuves, pour nous enseigner la patience, la compassion, la charité; il nous demande des efforts, d'où naît la force, parce que la force, c'est la vertu. Mais à la faiblesse il accorde des secours, et aux peines des consolations.

FRÉDÉRIC.

Après les maux du premier âge, viennent le travail pour le pauvre, l'étude pour le riche.

ERNEST.

Après les joies de l'enfance, viennent les jeux riants de l'adolescence, les amitiés au dehors et au dedans, les affections de famille.

FRÉDÉRIC.

Mais arrive bientôt la jeunesse, saison des orages, où les passions ne peuvent bouleverser le cœur sans le froisser et le déchirer.

ERNEST.

Les passions sont comme les vents, un principe de mouvement et qui, bien réglés, conduisent au port ; elles ne sont alors que des sentiments légitimes, que les affections naturelles d'époux et d'épouse, de père et de mère pour leurs enfants, et d'enfants pour leurs parents, principe assuré de bonheur sur la terre pour ceux qui les conservent pures.

FRÉDÉRIC.

Si on échappe au malheur des passions, on ne peut échapper à la vieillesse et au triste cortége d'infirmités qui l'accompagne.

ERNEST.

Au vieillard, le calme de la raison, le respect et la confiance de ceux qui l'environnent, le charme des souvenirs, les douceurs de l'étude et le bonheur de l'amitié. Sur chacun des âges de la vie, Dieu a répandu ses présents et ses bénédictions.

FRÉDÉRIC.

Dieu peut-il être béni par le malade?

ERNEST.

Le malade est un élu que Dieu éprouve ou un pécheur qu'il avertit.

FRÉDÉRIC.

Par le pauvre auquel le riche refuse les miettes qui tombent de sa table?

ERNEST.

Mais qui doit reposer un jour comme Lazare dans le sein d'Abraham.

FRÉDÉRIC.

Par le prisonnier ?

ERNEST.

Jésus-Christ n'est-il pas le rédempteur des captifs?

FRÉDÉRIC.

Par celui qu'un arrêt injuste déshonore et tue ?

ERNEST.

Dieu ne juge-t-il pas les jugements des hommes?

FRÉDÉRIC.

Par la mère qui pleure son nouveau-né?

ERNEST.

Ne doit-elle pas le retrouver au ciel ?

FRÉDÉRIC.

Par le jeune homme qu'une mort prématurée enlève à toutes ses joies et à toutes ses espérances ?

ERNEST.

Que la mort dérobe aux influences du vice et qui meurt avec son innocence, comme une jeune fleur coupée au moment où elle a tout son éclat et tous ses parfums.

FRÉDÉRIC.

Tu parles de consolations, en est-il pour l'homme le plus abandonné, le plus isolé qu'il y ait sur la terre; pour un pauvre lépreux. Qui est-ce qui le console ?

ERNEST.

La vue du ciel, le parfum des fleurs, le chant des petits oiseaux.

FRÉDÉRIC.

Qui est-ce qui console une mère de douleur, une femme du peuple ; celle que des travaux sans fin accablent chaque jour, sans compter les violences d'un mari abruti?

ERNEST.

Ses enfants.

FRÉDÉRIC.

Le missionnaire déchiré par le scalpel du sauvage qu'il est venu sauver?

ERNEST.

Le souvenir de ces mots de l'Évangile : *Pardonnez-leur, car ils ne savent ce qu'ils font.*

FRÉDÉRIC.

Que dire à l'homme déchiré, non pas seulement dans son corps, mais dans son cœur ; à l'homme qui a aimé et dont toutes les affections de fils, d'époux, de père et d'ami ont été trahies ?

ERNEST.

Il faut lui rappeler Jésus-Christ crucifié.

FRÉDÉRIC.

Tout le monde n'est pas chrétien.

ERNEST.

Il est des consolations, même pour ceux qui ne le sont pas. Le poëte naufragé, comme le Camoens, nage d'une main et tient de l'autre son *Immortalité*. Léonidas meurt aux Thermopyles en songeant à la liberté ; Napoléon à Saint-Hélène en rêvant à la gloire. Il n'y a de complétement malheureux que le méchant, parce qu'il l'est par sa faute ; sous le chaume et sur le trône, au milieu des trophées ou sur les fleurs, il est atteint par les souffrances, car le remords entre partout ; tandis que l'homme de bien, dans l'exil, dans un cachot et sur le bord de la tombe, a toujours le premier des biens, parce qu'il promet tous les autres : l'espérance !

FRÉDÉRIC.

Sais-tu ce qui se passe au fond des âmes ?

ERNEST.

Oui, en lisant dans la mienne ; d'ailleurs, le monde visible lui-même cesse-t-il de raconter la bonté comme la gloire du Créateur ? Le même soleil ne vient-il pas tous les jours éclairer le magnifique théâtre du monde ? chaque aurore n'a-t-elle pas ses sourires, sa parure et ses rosées ? chaque soir n'a-t-il pas ses parfums, ses voix mystérieuses et ses douces mélancolies ? chaque nuit n'a-t-elle pas son sommeil, son oubli du passé, ses illusions et ses rêves ? A chaque heure, comme à chaque âge de notre vie, Dieu n'a-t-il pas donné sa mission bienfaitrice ou riante ?

DIALOGUE SUR L'HOMME.

EUGÈNE.

Qu'est-ce que l'homme ?

POLYDORE.

Cette question est la plus importante de celles que la philosophie examine ; aussi la sagesse antique avait-elle posé en principe que l'homme devait avant tout s'étudier lui-même. *Connais-toi toi-même*, lui disait l'inscription gravée sur le frontispice du temple de Delphes, consacré au dieu de l'intelligence.

EUGÈNE.

Mais comment cette question peut-elle être résolue ? voilà la difficulté.

POLYDORE.

La religion chrétienne vient au secours de la philosophie, en lui disant : que l'homme a été créé à l'image de Dieu.

Un grand poëte a dit en parlant de Dieu :

« La puissance, l'amour, avec l'intelligence
« Unis et divisés composent son essence.

Il s'agit donc de montrer que la définition donnée de Dieu implique celle de l'homme qu'il a créé à sa ressemblance.

Nous lisons dans le *Traité du pathétique :*

« Il y a dans l'homme, que Dieu a créé à son image, une véritable unité complexe, une trinité secondaire, image de la trinité divine, et où se réunissent, sans se confondre, trois principes différents ; un principe d'*intelligence*, un principe d'*affection*, et un principe de *puissance :* il y a dans l'homme une raison qui comprend, un cœur qui s'affecte et un corps qui agit ; ou, pour mieux dire, il y a en lui une personne intellectuelle, une personne morale et une personne physique.

« Chacun de ces principes constitutifs de l'homme a des moyens d'action qui lui sont propres.

« L'esprit a ses facultés, le cœur ses instincts, et le corps ses sens.

« De l'activité de l'esprit résultent des idées ; de l'activité du cœur résultent des sentiments ; de l'activité des sens résultent des sensations.

« Chacun de ces principes a aussi sa fin particulière.

« Ainsi :

« L'esprit est surtout créé pour la science, le cœur pour l'affection, le corps pour les jouissances matérielles et le service de l'âme.

« Mais, bien que ces trois principes soient distincts par leur nature, bien qu'ils aient chacun une destination spéciale, ils sont néanmoins indivisibles et placés dans une mutuelle dépendance, même pour l'accomplissement de leur mission particulière.

« Ainsi, en premier lieu, l'esprit tient au principe matériel par la dépendance où il est du cerveau, et au principe d'affection par l'influence des sentiments sur les idées ; car il ne peut ni comprendre, ni raisonner, ni juger à lui seul ; les mouvements du cœur, les perceptions des sens lui apportent donc leur contingent de lumières ; ils sont pour lui des auxiliaires indispensables, même pour penser.

« En second lieu, les affections tiennent aux sens et aux idées ; car nos sensations et notre imagination décident en partie de nos haines et de nos attachements ; il y a des antipathies qui viennent des préjugés de l'esprit, il y a des affections qui naissent d'une première impression des sens.

« Enfin, en troisième lieu, nos sensations sont plus ou moins vives, suivant qu'elles sont ou ne sont pas en harmonie avec nos idées et avec nos sentiments.

« En résumé :

« L'homme est, dans son entier, comme cette partie de lui-même qui reçoit la lumière. « L'œil de « l'homme, dit Buffon, réfléchit à la fois les images « du monde physique, la chaleur du sentiment et la « lumière de l'intelligence ; chacun des trois prin« cipes dont se compose notre unité est nécessaire à « l'action des deux autres. »

EUGÈNE.

Montre-moi que la pensée dépend des affections et des sensations.

POLYDORE.

Rien de plus facile, l'esprit de l'homme est puissant par lui-même sans doute, il est capable d'attention, de mémoire, de prévoyance; il peut comparer, juger, imaginer; mais il est vrai aussi que, *excepté l'intelligence elle-même*, il n'y a rien dans l'intelligence de l'homme qui ne lui vienne des sens; l'homme perçoit, il élabore, il combine des idées, mais le sujet de ce travail, il le doit aux sens; son imagination n'est riche que des images qu'il emprunte à la nature physique; ôtez-lui le spectacle de la nature, vous lui ôterez tous sujets d'observations; ôtez-lui les figures, les sons et les mots, vous lui ôterez ses instruments de travail, vous le réduirez à l'inaction. D'où nous vient, par exemple, notre première idée de la puissance et de la bonté de Dieu, si ce n'est de la vue des merveilles de la création, de la voûte céleste, des abîmes des mers et des riches productions de la terre? d'où nous vient la connaissance des vérités morales et des vérités politiques, si ce n'est de l'étude de l'homme et de celle des sociétés humaines? d'où nous vient la connaissance des vérités de l'ordre physique, si ce n'est de l'étude de la nature faite à l'aide de nos sens?

Ajoutons une considération à celle-ci, c'est que

l'esprit ne conserve point ses forces quand le corps a perdu les siennes ; c'est que la fatigue, les maladies et la douleur, le feu du premier âge et l'engourdissement de la vieillesse lui rendent l'attention pénible ou même impossible ; c'est qu'il y a tel état du sang, du cerveau et des nerfs, qui paralyse entièrement l'action de l'intelligence ; le besoin qu'elle a du corps est donc évident.

L'esprit n'est pas moins aidé par les affections que par les sensations dans l'accomplissement de ses actes.

Il y a des vérités de sentiment que le cœur seul peut comprendre ; il y a aussi des vérités si élevées, qu'on n'y peut atteindre que par l'enthousiasme, c'est-à-dire par l'exaltation du cœur ; par exemple, la seule raison pourra bien expliquer les lois de la mécanique céleste, l'harmonie des diverses parties de l'univers ; elle découvrira la vérité dans les sciences exactes, dans l'astronomie, la physique, la géométrie, la chimie ; elle pourra former à elle seule un Archimède, un Galilée, un Newton ou un Cuvier, mais elle remarquera à peine ce qui, dans l'univers, révèle les soins maternels de la Providence ; elle ne comprendra pas ce qui dans la religion se rapporte au sacrifice d'un dieu fait homme ; à elle seule, elle ne comprendra pas davantage la nature de l'homme ; tout ce qui est sympathie, tendresse ou dévouement, lui sera inexplicable ; elle ne formera ni un Vincent de Paul, ni un Fénelon.

La pratique de la vertu exige également le concours de l'intelligence, celui de la volonté et celui de la force physique ; car, pour remplir son devoir, il faut le connaître au moyen de l'intelligence, et d'autre part, même avec la science, même avec la volonté du bien, il faut encore la puissance de l'exécuter. Combien d'hommes voient et approuvent, comme Médée, ce qui est bon, et manquent de courage pour le faire; combien d'autres ne s'écartent de la route du devoir que faute de lumières et de guides; combien d'autres, aussi, que leur faiblesse ou leurs infirmités frappent de la triste incapacité du bien ? N'est-il pas des vertus dont l'exercice est impossible à l'enfant qui n'a pas encore toutes ses forces, et au vieillard qui n'a plus toutes les siennes ? N'est-il point de bonnes œuvres que le vice de nos organes nous empêche d'accomplir ? Sans doute, la vertu n'est jamais impossible à l'homme; sans doute, aux yeux de Dieu, une bonne pensée est une bonne action ; mais toujours est-il que la vertu, pour avoir, sinon tout son mérite, mais au moins toute son utilité sociale, doit être le partage d'hommes complets, d'hommes à qui, ni les lumières, ni la résolution, ni la puissance ne font défaut.

EUGÈNE.

Montre-moi que dans l'homme les sensations dépendent des idées et des affections.

POLYDORE.

Le sentiment ajoute à la vivacité comme à la pureté

des jouissances matérielles; ainsi, le parfum des fleurs peut réveiller de touchants souvenirs. Ainsi, il produit une ivresse qui nous dispose aux sentiments tendres.

Est-il un site si beau, qui ne soit encore embelli par la présence, par l'attente ou par le souvenir de ceux que nous aimons? Les bruits de la solitude, le chant des oiseaux, le son des instruments et l'accord des voix humaines, n'empruntent-ils pas un nouvel agrément de leur harmonie avec les sentiments tendres et passionnés de ceux qui les écoutent? Si Damoclès, menacé à chaque instant de mourir, restait insensible à la saveur des mets les plus doux, la sécurité d'un convive, placé dans une autre situation d'esprit, ne lui eût-elle pas fait savourer avec délices ce que lui, Damoclès, trouvait insipide?

Pour une mère, n'y a-t-il pas plus de bonheur à sentir sur son front la pression des lèvres de son enfant, que de celles d'un enfant étranger?

Les plaisirs des sens peuvent également s'allier à ceux de la pensée, et tirer de cette alliance un nouveau charme. Il y a dans la contemplation purement matérielle d'un paysage un vague aperçu intellectuel des harmonies de la nature qui ajoute à sa beauté; il y a dans le chant l'application de certaines lois des nombres et de la cadence, que l'intelligence saisit et qui double le plaisir d'entendre par celui de comprendre. Il y a dans une rose, non-seulement un parfum qu'on respire, mais encore une merveille qu'on admire. A la vue des richesses dont le convive de la Providence voit sa table couverte par chaque saison, on peut aussi éprouver un autre plaisir que celui d'apaiser sa faim et sa soif; enfin, dans l'impression que nous fait éprouver la fraîcheur du matin, au lever d'une belle aurore, il y a pour l'homme qui réfléchit, autre chose qu'une sensation matérielle.

EUGÈNE.

Enfin montre-moi que dans l'homme les sentiments dépendent des idées et des sensations.

POLYDORE.

Si notre intelligence va plus loin dans la recherche de la vérité, avec le secours des sens et des affections, si notre volonté morale est également plus forte, quand elle est en harmonie avec nos sensations et avec nos idées, si, enfin, les plaisirs des sens sont rendus plus grands par leur alliance avec les plaisirs de l'intelligence et avec ceux du cœur, d'un autre côté, nos affections sont aussi plus vives et plus douces, quand elles sont d'accord avec notre raison, avec nos instincts et avec nos sensations; ainsi, la piété filiale, qui est une inspiration du cœur, est aussi un enseignement de la raison en même temps que le résultat des sensations physiques; ainsi, le patriotisme est plus exalté au milieu d'une grande multitude qui frappe la vue, et à la suite d'un discours qui prouve à l'esprit que le pays est en péril.

DIALOGUE SUR CETTE QUESTION :

EST-IL PLUS UTILE DE SE LIVRER A L'ÉTUDE DES LETTRES QU'A L'ÉTUDE DES SCIENCES?

DÉVELOPPEMENT.

Dans l'examen de cette question, un ordre quelconque doit être suivi, car elle est complexe et toutes ses faces doivent être envisagées successivement. L'utilité générale des sciences et des lettres n'étant pas contestée, il faut examiner si la supériorité des unes sur les autres ne résulte pas de la différence des objets qui les occupent, des facultés qu'elles exercent et des buts qu'elles poursuivent.

La science s'occupe plus spécialement des lois et des phénomènes de la nature physique ; les lettres plus particulièrement du cœur, du moral et de la destinée de l'homme.

La science exerce plus l'intelligence, les lettres agissent surtout sur la volonté et le caractère.

La science cherche la vérité spéculative, les lettres s'occupent des actions.

CORRIGÉ.

DÉMÉTRIUS ET GUSTAVE.

DÉMÉTRIUS.

Partons de ce point, qu'il y a dans l'homme trois principes, le principe physique, le principe moral et le principe intelligent.

GUSTAVE.

D'où il résulte qu'il y a trois sortes de facultés que l'éducation doit développer.

DÉMÉTRIUS.

En commençant par les facultés physiques, on comprend sans la moindre peine que des notions de calcul, de physique, de mécanique, de chimie, d'histoire naturelle, viennent en aide au physique de l'homme; que par elles il perfectionne les sens, que par elles il acquière une plus grande justesse de coup d'œil ou d'ouïe, qu'il donne à ses mouvements plus de souplesse et de grâce, qu'il se rende plus adroit par une meilleure dispensation de ses forces, plus fort par des soins plus intelligents donnés à sa santé : enfin, on comprend sans peine que nos facultés physiques soient développées par la culture des sciences, mais on ne voit pas ce que ces mêmes facultés peuvent gagner à l'étude des lettres, à l'étude du grec et du latin.

GUSTAVE.

Je reconnais aux sciences l'heureuse influence que tu leurs attribues; mais les lettres contribuent aussi pour leur part même au développement et au bon usage de nos forces physiques, en contribuant au progrès de notre intelligence, car l'intelligence s'applique à tout; la raison, plus encore que la science, nous donne la santé et la force par la tempérance, par le travail et par le contentement de nous-mêmes, qui est un élément de force matérielle en même temps que de force morale.

DÉMÉTRIUS.

Soit ; mais du moins aux sciences exactes plus qu'aux lettres il appartient de former la raison.

GUSTAVE.

Pourquoi ?

DÉMÉTRIUS.

Parce que la science ne donne absolument rien à l'imagination qui est tout à la fois le premier élément de succès littéraire et la cause la plus féconde d'erreurs ; l'un des plus sages philosophes, Mallebranche, ne l'appelle-t-il pas : *la folle de la maison!* et tout le monde n'a-t-il pas souscrit à sa décision ?

GUSTAVE.

Il y a, au contraire, des vérités que l'imagination seule peut découvrir ; la science marche à pas sûrs et toujours en s'appuyant sur la vérité, mais le cercle dans lequel elle se renferme est étroit et limité ; l'imagination, emportée sur des ailes de feu, s'empare d'un espace plus étendu et dans son vol elle s'élève plus haut.

DÉMÉTRIUS.

Le génie scientifique des Galilée, des Newton, des Kepler, des Laplace a franchi des espaces et atteint des hauteurs qui effrayent l'imagination elle-même.

GUSTAVE.

Quelque puissant que soit son essor, la science est

forcée de s'arrêter aux réalités; mais l'imagination embrasse le possible; elle a, comme Dieu même, le pouvoir de créer ; elle donne à la poésie, à la peinture, à la statuaire, à la musique, un caractère et une puissance qu'elles ne peuvent tenir des seuls calculs de la science; quand même les lettres ne nous rendraient d'autre service que de développer l'imagination, nous leur devrions ce qui nous procure les plus nobles jouissances; mais là ne se borne pas leur influence; elles en ont surtout sur nos sentiments, qu'elles rendent plus doux et meilleurs; ce sont elles surtout qui agissent sur le cœur; or, c'est du cœur que viennent *les grandes pensées;* ce ne sont pas les calculs et les démonstrations de la science qui feront prendre à un homme ou à un peuple une résolution généreuse, ce sont les chants d'un Tyrtée, les accents d'un Démosthènes, les paroles d'un Massillon.

DÉMÉTRIUS.

Toutes les grandes inspirations sont morales et religieuses ; un savant est aussi moral et aussi religieux qu'un autre homme.

GUSTAVE.

Le savant, accoutumé à n'admettre que des démonstrations exactes, rigoureuses, doute parfois des vérités morales et religieuses qui ne s'établissent pas par la même voie; même en matière de foi, nous sommes, à notre insu, dominés par les habitudes de notre esprit. Aussi, l'homme ignorant qui croit uniquement par sentiment, qui a uniquement la foi du cœur, a-t-il la foi la plus ferme.

DÉMÉTRIUS.

Oui, mais quand il s'agit de montrer la vérité à autrui, le savant, qui a des habitudes logiques, la fait voir avec plus de clarté.

GUSTAVE.

En matière de morale et de foi, il ne s'agit pas de convaincre, mais de persuader au moyen de cette éloquence qui vient du cœur et qui va au cœur; on console rarement, on ne ramène guère à la vertu par le raisonnement; de douces paroles, inspirées par le génie des muses ou par le génie du christianisme, voilà ce qui donne le don de la persuasion à un ignorant missionnaire qui parle à un pauvre sauvage, à un Vincent de Paul assis auprès de ceux qui vont mourir, à un Fénelon de village qui exhorte l'homme des champs à la résignation : voilà leurs armes.

DÉMÉTRIUS.

Qui ne peuvent servir pour la défense et la propagation des vérités d'un autre ordre, des principes rigoureux de la justice humaine, de la politique, de l'administration.

GUSTAVE.

C'est précisément dans la défense de ces principes que triomphe l'éloquence acquise par les lettres; dans un camp, à la tribune, au barreau, comme dans la chaire évangélique, sa domination est incontestable : à elle le pouvoir d'enflammer sur un champ de bataille les âmes guerrières ou de calmer les courages émus dans les assemblées ou sur le forum ; à elle le pouvoir de soulever les tempêtes politiques ; à elle celui d'arracher une victime à un tyran furieux ou à des masses égarées ; à elle, en un mot, l'empire des âmes par la souveraineté de la parole, tandis que la science n'a d'empire que sur le monde matériel.

DÉMÉTRIUS.

Erreur ! La science est un élément de moralité pour l'homme et pour la société ; elle excite au travail en rendant le travail productif, et, en nous sauvant de l'oisiveté, nous sauve des vices que celle-ci amène ; ses travaux et ses triomphes augmentent, répandent partout l'aisance, et, en nous sauvant de la misère, elle ferme la source la plus féconde des crimes : la plupart des mauvaises inspirations nous viennent de la souffrance ; ainsi, la science améliore l'homme, en le rendant plus heureux.

GUSTAVE.

Heureux d'un bonheur matériel qui l'empêche d'en chercher un plus noble.

DÉMÉTRIUS.

Comme s'il n'y avait pas la plus pure des jouissances dans le silence ravi d'un savant, d'un Pythagore écoutant l'harmonie des sphères célestes, dans l'enthousiasme d'un Archimède trouvant la pesanteur spécifique des corps ; dans la joie d'un Newton découvrant cette loi de la gravitation qui régit le monde ; dans l'admiration éprouvée par un Kepler, un Cassini, un Laplace, un Arago, qui, parcourant sur les ailes de la science l'immensité des cieux, s'élèvent de merveille en merveille jusqu'à celui qui les a créées toutes.

LETTRE

SUR LE SPECTACLE QUE PRÉSENTE UNE FÊTE DE VILLAGE.

Sommaire.

Les idées exprimées dans un dialogue que nous avons donné plus haut ne viendront point à une jeune fille qui, après avoir assisté, elle aussi, à une fête de village, en fera le tableau à une amie de pension à laquelle elle écrit ; son sexe, son âge, son inexpérience lui feront nécessairement voir les choses sous un autre point de vue.

Le ton d'une lettre exclut d'ailleurs les considérations du genre de celles que nous avons cru devoir présenter dans un dialogue.

Enfin la jeune fille dont nous parlons écrit uniquement pour amuser son amie et pour s'amuser elle-même.

Elle doit donc avoir un style enjoué, tourner volontiers les choses en ridicule et n'avoir du sérieux que par moments.

Nous lui recommandons seulement de jalonner la route qu'elle doit suivre, par quelques mots qui indiquent les divers objets dont elle veut parler, et qui soient comme le sommaire de sa lettre.

Son arrivée, l'effet qu'elle produit, le costume des villageois et des villageoises qui s'offrent à sa vue, les scènes dont elle est témoin, les impressions qu'elle en reçoit, etc., etc., voilà ce qu'elle doit noter avant de commencer son travail pour pouvoir lui donner de la suite.

DÉVELOPPEMENT.

Notre voyage par un temps doux, sans pluie, sans soleil, à travers une plaine couverte de blés verts remplis de bleuets, tout cela fut à souhait; mon père, qui venait de lire dans le journal son discours prononcé la veille à la chambre; mon petit cousin César, qui avait obtenu de nous suivre à cheval; ma mère, qui est toujours heureuse de la joie d'autrui, étaient d'une gaîté charmante, et à moi, il ne me manquait dans mon bonheur que de t'avoir près de moi pour le partager.

A la vue de notre calèche, de nos chevaux, de nos laquais, et aussi, je crois, à la vue de nos personnes, tout le village de Fabri fut émerveillé; les danseurs ébahis laissèrent là leurs danseuses pour venir nous considérer; notre chasseur, avec ses broderies et son chapeau à plumes, eut surtout un très-grand succès; cela est humiliant à avouer, mais il en eut plus que nous. D'un autre côté, on ne tarda pas à reconnaître que mon père, qu'on avait été jusqu'à prendre pour M. le sous-préfet en personne, ne l'était point, et cela nous fit baisser dans l'opinion; enfin, notre indifférence, manifestée trop ouvertement pour les objets de pacotille qu'on venait nous offrir, acheva de nous perdre dans l'esprit des marchands, au point qu'au bout d'un quart d'heure on ne faisait plus attention à nous. Je suivis l'exemple qu'on me donnait.

D'abord mon amour-propre avait été flatté qu'on me dît : Ma belle petite demoiselle, ma gentille petite dame, ma charmante enfant, achetez-nous quelque chose; mais la vue d'une grosse figure rouge qui reçut les mêmes compliments que la mienne, m'apprit la valeur de ces louanges données à ma beauté. A propos de beauté, je suis amenée à te parler de Lucie Morinval; nous l'avons rencontrée avec sa mère; la mienne, qui avait toute envie de lui dire une gracieuseté et qui éprouvait à cela un embarras très-naturel, finit par lui dire qu'elle était coiffée à ravir. A ces mots, elle est devenue radieuse, et à voir le bonheur qu'elle ressentait du succès de son chapeau, il était aisé de voir qu'elle se prenait pour lui; alors est venue aussi à nous la grande Euphémie Duménil, qui se dit blonde, mais qui passera pour rousse quand elle le voudra; toutes ensemble nous avons été voir la danse : il y avait là des figures qui passent toute imagination; pour m'empêcher d'en rire, ma mère m'a dit de danser. Comme je suis bonne au fond, l'obéissance à cet ordre ne m'a pas trop coûté; une admiration générale a été la récompense de ma filiale docilité. On s'est extasié, on a dit que je dansais comme une fée, ce qui m'a fait penser à mon tour que ces bonnes gens ne manquaient pas d'un certain bon goût. Au nombre de mes admirateurs figurait notre effilé, notre long voisin, M. Polycarpe, avec sa courte femme, qui donnera peu de chose à faire à la fée qui voudra la changer en citrouille. Avec cela pourtant, il n'y a pas de gens plus prompts à dire du mal d'autrui. On dirait que la joie des autres leur fait mal; aussi, en les entendant rire, ai-je compris qu'il venait d'arriver un malheur; c'était le ménétrier qui venait de s'engouffrer dans le tonneau plein d'eau sur lequel il était monté. On tira le pauvre musicien du liquide odieux où il était plongé jusqu'à la tête, et mille quolibets le poursuivirent jusque chez le cabaretier, son protecteur naturel, qui lui donna asile. J'eus aussi ma mésaventure; en me posant en amazone sur un cheval de bois, je déchirai ma garniture de dentelle, mais je ne laissai pas de gagner au jeu de bagues mon petit cousin César : il prétendit, il est vrai, que poliment il m'avait cédé la victoire; mais je crois à sa maladresse plus encore qu'à sa galanterie : la fatuité masculine est incroyable! Lassée de ce jeu et de beaucoup d'autres, j'accordai mon attention à un mufti de la Mecque, qui parlait un arabe très-pur, disait mon cousin César, et dans lequel mon père finit par reconnaître un Auvergnat, ex-tambour-major de son régiment; ma mère glissa dans la main du mufti un louis d'or avec deux ou trois mots obligeants; au rayon de joie vive qui illumina son visage, je compris que le serviteur du prophète était dans la détresse, et je lui donnai aussi mon offrande.

Nous entrâmes dans un cabinet rempli de figures de cire, où je vis une empoisonneuse qui avait la figure d'un ange; un évêque portant sa crosse comme un suisse de paroisse tient sa hallebarde, un Abd'el-Kader vêtu en danseur de corde, et une reine de Saba montrant à lire à son petit garçon dans un catéchisme du diocèse de Tours; édition Curmer illustrée.

La fête a fini par un souper chez ma nourrice, et puis, et puis, car je ne t'ai pas tout dit, et ce qui me reste à t'apprendre n'est pas le moins intéressant. Qu'est-ce que c'est? qu'est-ce que c'est? Voilà ce que je t'entends dire d'ici. Mais, Mademoiselle, vous êtes bien curieuse; à votre âge on doit savoir attendre que les personnes raisonnables vous disent d'elles-mêmes ce qu'elles croient devoir vous dire. Vous ne saurez donc rien; mais en attendant, et comme cela n'est point un secret, je te dirai que je t'aime de tout mon cœur, aujourd'hui plus encore qu'hier, et pourtant je n'aurais pas cru que cela fût possible.

LETTRE D'UN ÉCOLIER A SA MÈRE.

Sommaire.

Faire connaître l'intérieur d'un collége, c'est-à-dire tracer le tableau de la vie qu'on y mène, des études qu'on y fait, de la discipline qu'on y observe, et des gens qu'on y rencontre: voilà la tâche à remplir.

DÉVELOPPEMENT.

L'âge et le caractère de celui qui écrit cette lettre indique assez sous quel point de vue il doit envisager les personnes et les choses dont il parle; il ne doit s'exprimer ni en philosophe, ni en père de famille, ni en professeur, mais en écolier.

Nous le supposons élève de la classe de troisième, assez âgé pour avoir de l'intelligence, et trop jeune pour avoir de la réflexion.

Nous n'oublions pas qu'un écolier qui parle du collége, en dit du mal, parce que c'est l'usage, mais qu'il trace gaîment le tableau de son malheur, parce que la gaîté est de son âge.

Quant à son style, nous demandons qu'il le rende clair par la liaison des idées, et qu'il se trace d'avance comme une table de matières sur laquelle il verra celles qui se tiennent et qu'il doit rapprocher.

Enfin, nous lui dirons que ses phrases doivent être brèves, et que sa lettre doit ressembler à une causerie familière avec sa mère, et non au rapport que ferait sur l'état d'un collége un inspecteur de l'université.

CORRIGÉ.

J'ai d'abord été bien triste, tu me quittais, c'était naturel; en vain tu m'avais dit qu'au milieu de cette foule d'enfants de mon âge, je ne pourrais pas m'ennuyer: cette maison si peuplée était déserte pour moi qui ne t'avais plus; ma consolation a été de réfléchir que je t'obéissais en restant ici, et que tu viendrais parfois m'y voir. En attendant, je t'écris; car absent ou présent, ma pensée et mon cœur sont toujours pour toi. Et puis, tu désires savoir si je me fais à mon nouveau séjour; c'est une prison sans doute, mais pourtant je dois avouer que nulle part on n'entend plus de cris de joie et on ne fait plus de folies; même aux heures de classe, où l'on nous parle raison, nous trouvons mille moyens ingénieux de n'en pas avoir. Il y a des caricatures qui circulent contre le plus grave professeur; elles ont parfois beaucoup de malice, car on se cotise pour y mettre de l'esprit, et on y réussit. Aux heures d'études, c'est mieux encore; je t'assure que le maître qui alors nous surveille est plus obligé que nous d'être sur ses gardes : sa liste des punitions, on la lui vole, ses corrigés de devoirs, on les lui emprunte, avec la dextérité que donne l'habitude. Est-il bon? on se moque de lui. Est-il ferme? on décide qu'il est un tyran, et on agit en conséquence de cette décision. On défère ses méfaits au censeur, autre esclave du despotisme universitaire, espèce d'inquisiteur qui doit tout savoir, mais qui sait moins que tout autre les tours qu'on lui joue. Ma première visite a été pour lui, qui distribue les livres; il a retiré les miens de ce qu'il appelle le trésor du collége, c'est-à-dire d'une poudreuse bibliothèque, et cela au grand déplaisir d'une famille de souris dont les dégâts me seront imputés sur la note de mes dépenses : car l'université calcule et aime l'ordre. Quant au chef de l'établissement, il a été excellent pour moi; il est dans la place qu'il occupe depuis vingt ans, et comme il la remplit bien, on dit qu'il a peu de chance d'en avoir une meilleure.

Nous avons des maîtres pour une foule de sciences; chaque professeur n'est tenu que d'en posséder une qu'il enseigne; mais nous, pauvres écoliers, nous devons les étudier et les connaître toutes. On exige aussi de nous à peu près toutes les qualités et toutes les vertus possibles : la diligence, l'obéissance, la patience, qu'on nous prêche sans cesse; il n'y a que la tempérance dont on ne nous parle pas; on croit que l'ordinaire du réfectoire nous en est une leçon suffisante. On tient également fort peu à l'élégance de notre mise; il y a tel professeur qui sait de la physique, du latin, du grec, de l'algèbre, et qui ne sait pas mettre sa cravate. Pour moi, mon habit est trop long, mon gilet trop court, mon pantalon trop large; c'est ridicule, mais cela ne paraît pas dans la foule.

Ce qui m'avait surtout préoccupé, c'était l'accueil que me feraient mes camarades; cet accueil a été dédaigneux d'abord, puis froid, puis enfin amical. Il y a ici trois mondes pour les élèves: celui des classes, où le savoir assigne les rangs; celui des récréations, où la force et l'adresse décident des supériorités; puis enfin celui des salles d'études, où les relations des élèves entre eux, qui sont là plus fréquentes et plus intimes, leur permettent de distinguer les meilleurs caractères et de se classer moralement les uns les autres. Il en résulte parfois qu'un fort en thème est un gringalet dans la cour, et que le roi du jeu de barres est écarté, comme étant un butor, des causeries du soir qui ont lieu l'hiver dans la salle d'étude. Je me suis déjà ménagé des amitiés dans les diverses catégories sociales, au moyen de ces petits présents qui entretiennent les affections au collége et ailleurs; j'ai mis à la disposition de mes petits protecteurs ma réserve de confitures, et à la seconde visite, s'ils s'en acquittent aussi bien, une troisième se trouvera superflue; à moins... Mais je m'arrête et ne veux pas si promptement faire appel à ta générosité; j'attends que j'y aie droit par les bons renseignements qui te seront envoyés sur mon compte. Aujourd'hui, je me borne à te demander de m'aimer comme par le passé, comme je t'aime moi-même; car, en changeant de demeure, je n'ai pas changé de sentiments, et je suis toujours

Ton affectionné

ADOLPHE.

LETTRE D'UN PÈRE A SON FILS.

« Je me propose, dans cette lettre, de te montrer quelle est la bonté de Dieu envers nous.

« Nous voyons d'abord qu'il a pourvu à la satisfaction de chacun de nos sens.

« Pour assurer la nourriture de l'homme, Dieu a peuplé de poissons les mers, les fleuves et les rivières; il a fait vivre autour de nos habitations, sous la verdure des plaines, dans les taillis des forêts, sous le feuillage des arbres, d'autres animaux qui nous offrent ou leur chair, ou leur miel, ou leur lait, ou leurs œufs.

C'est pour le même objet que des légumes croissent dans nos jardins, que des blés jaunissent dans nos campagnes, que des fruits se suspendent aux arbres de nos vergers, que des vignes mûrissent sur nos coteaux; et à chacun de ces aliments de la vie matérielle de l'homme, est attachée une saveur, à chaque saveur un plaisir pour le goût.

Nous voyons que d'autres objets ont été créés pour

le plaisir des yeux, soit que nos regards, se levant vers le ciel, contemplent cet océan d'azur que parsèment des îles de lumières, soit qu'ils s'étendent sur l'immensité des mers et en voient sortir, ou le flambeau qui éclaire le monde, ou les nuées qui étendent leurs pavillons dans les airs; soit que, parcourant la longue série de merveilles que présentent les trois règnes de la nature, ils s'arrêtent successivement sur les fleurs des prairies, sur le plumage des oiseaux, sur les scènes de nos paysages, partout ils nous procurent une jouissance et un élément de bonheur.

Ces plantes, ces fruits et ces fleurs, qui ont leur beauté et leurs sucs, ont aussi leurs parfums que nous pouvons respirer au fond des vallées, sur le sommet des montagnes et sur le penchant des coteaux, ou qui nous sont apportés jusque dans nos habitations, par le souffle du zéphyre, à ces heures du soir qui nous les font respirer avec plus de bonheur.

La nature n'a pas ces seuls moyens d'enchanter la demeure des hommes. Elle fait entendre au philosophe qui médite dans la solitude, des bruits mystérieux qui s'harmonisent avec ses pensées; elle égaie, par les notes joyeuses de l'alouette, les durs travaux de l'homme des champs; elle pose un rossignol dans le voisinage de la grotte de l'anachorète ou de la cabane roulante du berger; avec les brises murmurantes et monotones du soir, elle envoie le sommeil aux hommes, comme elle donne l'accent de la menace à la voix des orages, et comme, avec le bruit de la foudre, elle envoie des avertissements aux coupables.

La sensibilité, répandue sur toutes les parties externes de notre personne, est pour nous une dernière source de jouissances physiques.

Ainsi, il y a du charme à respirer un air pur, à sentir la fraîcheur des eaux, à presser sous ses pas la mousse du gazon, à reposer sa vue sur une douce verdure, à presser de ses lèvres la joue purpurine d'un enfant.

DES PLAISIRS DE L'INTELLIGENCE.

D'autres satisfactions sont attachées à l'exercice de nos facultés intellectuelles; ainsi, la méditation, l'imagination, la mémoire, l'espérance, ont leur plaisir.

On en trouve un vif à s'élever avec Newton jusqu'à la hauteur des cieux, à contempler de là le spectacle de l'univers, et à suivre dans leurs mouvements toutes les sphères qu'on voit rouler au-dessous de soi dans l'espace; on en trouve à descendre avec Cuvier dans les profondeurs de la terre, pour y surprendre le secret de ses révolutions; on a du bonheur à étudier avec Platon les lois du monde moral, avec Buffon les lois du monde physique, avec Montesquieu les lois du monde politique, avec Kant les lois de la pensée humaine; on ne peut non plus supposer dépourvus de charmes les travaux intellectuels qui empêchèrent un Socrate de penser à sa mort prochaine, ou un Archimède de s'apercevoir de la ruine de sa patrie ; il est également prouvé, par des faits aussi nombreux qu'éclatants, qu'il y a dans les calculs de la science, dans les recherches de la philosophie et dans l'enthousiasme qui saisit le poëte, un plaisir tel qu'il fait oublier tous les autres.

Une observation qu'il ne faut pas négliger de faire, c'est que la science étant le flambeau de l'industrie, on doit à la première tout le succès de la seconde, et par conséquent toutes les richesses de la terre et toutes les jouissances que toutes les deux procurent. Toutefois nous tirons moins de bonheur encore de nos sensations et de nos idées que de nos sentiments.

DES PLAISIRS DU CŒUR.

Les véritables jouissances sont celles du cœur. L'empire des sens est limité, et le temps manque à la plupart des hommes pour éclairer leur esprit. Mais le cœur de l'homme est inépuisable, et le bonheur que donnent les affections est à la portée de tous les hommes; et, de plus, il s'étend à toute la vie.

Considérez l'homme au sein de sa famille, vous le voyez entouré de son père, de sa mère, de ses frères, de sa femme, de ses enfants, qui l'aiment tous, afin qu'il reçoive plus de marques d'amour, mais qui ne l'aiment pas tous du même genre d'amour, afin de varier ses jouissances.

Considérez l'homme au milieu d'une nation, vous le voyez heureux de l'appui, des sympathies, de l'estime et de l'affection de ses concitoyens; vous le voyez s'enivrer du bonhenr que donne l'amour de la patrie, de la gloire, de la liberté et de l'indépendance.

Considérez-le au milieu du monde, vous verrez la tendresse particulière d'un ami, l'humanité, la justice ou la pitié des autres hommes, la charité de la religion protéger son existence ou s'occuper de l'embellir.

Partout, en un mot, à tous les âges et dans toutes les conditions de la vie, vous reconnaîtrez que Dieu fait trouver à l'homme, dans les sentiments qu'il inspire ou qu'il éprouve, des éléments de félicité.

LETTRE D'UN PÈRE A SON FILS.

Ma lettre a pour objet de te montrer qu'il n'y a pas de bonheur pour les coupables, même sur la terre.

Le remords est la souffrance du crime; il tient tout ensemble au regret de l'innocence perdue, et au vague effroi d'un châtiment à venir; d'où il suit qu'après une faute récente et sous l'empire d'une vive croyance, il doit causer plus de douleur. Le remords devait avoir moins de prise sur les anciens, qui avaient une morale moins sévère, et qui ne pouvaient croire, d'une foi bien ferme, aux dogmes d'une religion absurde.

Par la même raison, le remords s'affaiblit même chez un chrétien, à mesure que celui-ci se déprave; au milieu des orages du cœur, la voix de la conscience n'est plus entendue.

Mais, si le temps, si des croyances erronées, si le manque de foi; et si, plus que tout le reste, les progrès de la dépravation diminuent l'empire du remords, rien cependant ne peut l'anéantir entièrement; le monde oublie le crime, la loi ne l'atteint pas toujours, la passion lui trouve des excuses, mais le remords, lui, est inexorable; il descend dans notre âme à une si grande profondeur, il la pénètre d'une manière si intime, il s'y attache avec tant de force, qu'il ne peut plus en être séparé. Le supplice d'un coupable est celui de Prométhée, qui ne peut arracher de son sein le vautour qui le déchire; il est le supplice d'Hercule, qui se sent brûler par le feu de la fatale tunique, et qui ne peut ni éteindre l'un, ni se délivrer de l'autre.

Sans doute des hommes se sont rencontrés qui ont vu dans le remords l'effet d'un préjugé. « Mais, pourquoi, dit l'auteur du *Génie du Christianisme*, pourquoi le remords est-il si terrible, qu'on préfère souvent de se soumettre à la pauvreté et à toute la rigueur de la vertu, plutôt que d'acquérir des biens illégitimes? pourquoi y a-t-il une voix dans le sang, une parole dans la pierre? Le tigre déchire sa proie et dort; l'homme devient homicide et veille; il cherche les lieux déserts, et, cependant, la solitude l'effraie; il se traîne autour des tombeaux, et, cependant, il a peur des tombeaux; son regard est immobile et inquiet; il n'ose fixer les yeux sur les murs de la salle du festin, dans la crainte d'y voir des caractères funèbres; tous ses sens semblent devenir meilleurs pour le tourmenter. Il voit, au milieu de la nuit, des lueurs menaçantes; il est toujours environné de l'odeur du carnage; il découvre le goût du poison jusque dans les mets qu'il a lui-même apprêtés; son oreille, d'une étrange subtilité, trouve le bruit où tout le monde trouve le silence; et, en embrassant son ami, il croit sentir, sous ses vêtements, un poignard caché.

Enfin, quand, trompés par de vains sophismes, ou

aveuglés par le délire de la passion, des hommes pourraient, au sein du désordre, goûter une tranquillité éphémère, le moment viendrait toujours où le cœur se troublerait; les illusions les plus longues ont un terme, le scepticisme le plus ferme chancelle quelquefois.

En vain le crime s'entoure de ténèbres, cherche la solitude et s'impose le silence; une lumière impitoyable l'éclaire sans cesse, un regard vigilant le suit toujours, une voix secrète l'accuse sans relâche; en vain il a cru fermer, d'un sceau éternel, l'abîme de son cœur, une pensée descend dans cet abîme; elle en suit tous les détours et elle en sonde toutes les profondeurs, comme autrefois la pensée du Dante sonda toutes celles de l'enfer; elle découvre d'abord, à l'entrée de cet enfer, les vains désirs et les joies coupables; mais le Seigneur lui crie, comme autrefois au prophète : « Creusez plus bas; mettez à nu les hontes de l'avarice, les taches du poison de l'envie et les blessures toujours saignantes de l'orgueil. La pensée accusatrice a-t-elle obéi? Dieu lui crie encore : « Creusez plus bas, dévoilez les affreux mystères de la débauche; écartez les replis qui recouvrent les souillures de l'inceste, de l'adultère. » Ce n'est point assez : « Creusez plus bas, ajoute le Seigneur; au-dessous de ces iniquités que vous voyez, il y a d'autres iniquités encore plus profondément ensevelies; montrez au jour ces vestiges de sang qu'on pensait avoir cachés à jamais dans le sein des tombeaux et dans les entrailles de la terre. »

Il est, dit Byron, il est des heures, dans la vie, où le remords dit au coupable : Je t'avais prévenu. En vain une âme indomptable croit laisser le repentir à la faiblesse ; le remords indocile reproduit son accusation ; les rêves de l'ambition s'évanouissent, l'amour avoue ses déceptions ; l'incrédulité a ses doutes et se dit : Peut-être ! Et quand tous nos projets de bonheur s'écroulent, quand une affreuse amertume se répand sur toutes nos joies, l'avenir accourt avec ses mystères ; mille pensées funèbres, longtemps écartées, nous assiégent ; l'abîme de notre cœur s'ouvre enfin, et nous y retrouvons toutes nos iniquités ensevelies. »

C'est surtout la pensée de la mort qui trouble les coupables.

Hommes de vains plaisirs et de folles passions ! enchantez vos jours par toutes les délices de la vie, ouvrez vos cœurs à toutes les joies de la terre ; dormez votre sommeil, heureux du monde, repoussez loin de vous et les réflexions du présent et les accusations du passé, et les menaces de l'avenir ; épaississez les ténèbres qui couvrent les souillures de votre âme ; creusez jusqu'aux entrailles de la terre, pour y ensevelir le secret de vos iniquités ; à une heure inévitable, à une heure fatale, dont Dieu s'est réservé la connaissance, à la lueur des éclairs et au bruit de la foudre, les hontes de votre vie tout entière seront dévoilées ; tout ce qu'elle a eu d'infamie sera mis à nu devant Dieu et devant les hommes ; une voix sortira de la voûte céleste, une voix, dont toutes les tombes entendront l'écho, dira tout à coup : « Tremblez ! vous qui avez souillé votre âme par les convoitises de l'avarice, par les noirceurs de la calomnie, par les lâchetés de l'hypocrisie. Tremblez ! vous qui avez fait couler les pleurs de la veuve et de l'orphelin, et qui avez donné à vos larcins les apparences de la justice. Tremblez ! vous qui avez enlevé à des âmes pures leur innocence et leur bonheur, ou qui avez versé le sang des hommes dans les ténèbres. Hommes souillés par des parjures et des trahisons ! hommes de honteuses débauches ou de sanglantes vengeances ! écoutez le bruit de la tempête et de la foudre ! écoutez ces voix menaçantes qui roulent sur vos têtes ! Iniquités protégées par la sombre épaisseur des forêts ou de la nuit, noirs forfaits ensevelis dans les ténèbres ou dans la tombe, sortez des abîmes qui vous couvrent, et venez demander grâce à ces terribles accusateurs !

Le criminel se dit, comme le prince Hamlet :

La mort, c'est un sommeil,... c'est un réveil peut-être ;
Peut-être ! à ce seul mot qui glace épouvanté
L'homme au bord du cercueil par le doute arrêté,
Devant ce vaste abîme il se jette en arrière,

Ressaisit l'existence, et s'attache à la terre.
Dans nos troubles puissants qui peut nous avertir
Des mystères d'un monde où tout va s'engloutir?
Oui, si des dieux partout l'œil suit les parricides,
Si d'eux, morts ou vivants nous dépendons toujours,
Qui nous dit qu'à leur voix les monuments sont sourds,
Et qui connaît du ciel jusqu'où va la puissance?
En vain le meurtrier croit braver sa vengeance;
Par un signe éclatant, s'il faut le découvrir,
Ces marbres vont parler, ces tombeaux vont s'ouvrir.
Il verra tout à coup, pour lui prouver son crime,
Du cercueil ébranlé s'échapper sa victime,
Et le flambeau du jour allumé par les dieux,
Ils n'ont qu'à dire un mot, va pâlir à leurs yeux.

On comprend que nous n'embrassons pas dans son entier le tableau du remords; nous ne considérerons les trois ouvrages où il est peint le plus vivement que sous un seul point de vue, comme tableaux des souffrances attachées au crime; nous nous bornerons à y suivre les développements d'une pensée coupable et les progrès du supplice qui punit cette pensée. Nous étudierons les remords de l'ambition homicide dans *Macbeth*, de l'amour adultère dans *Phèdre*, de la science sacrilége dans *Faust*, et nous verrons quels caractères différents pour la forme, mais identiques pour le fonds, trois grands poëtes ont donné à la souffrance de l'âme qu'on appelle remords; c'est là une étude littéraire des plus curieuses et des plus instructives.

Bien entendu notre analyse ne devra noter que les passages où la marche de l'action est visible, où la passion s'enhardit, où le succès du crime devient plus grand, où la torture qu'il éprouve lui arrache une plainte plus douloureuse.

La tragédie de *Macbeth* est à elle seule un admirable traité du remords ; nulle part il n'est peint avec des couleurs plus sombres, gradué avec plus de talent, et rendu à la fin plus terrible ; faible d'abord, quand le crime n'est encore qu'une pensée vague, il devient une souffrance plus vive, à mesure que la pensée criminelle s'affermit et devient une action ; le premier effet de la tentation qu'éprouve Macbeth, c'est d'attrister son âme.

Macbeth, dans sa pensée, accomplit un ouvrage,
Dont lui-même il a peine à soutenir l'image.

Comme un ambitieux a toujours des rivaux, Macbeth, outre le tourment de sa propre faute, ressent bientôt le tourment de l'envie, la crainte d'une trahison dont il donne l'exemple, et les vagues terreurs qui accompagnent toujours les mauvais desseins.

Il est des jours d'ennuis, d'abattement extrême,
Où l'homme le plus ferme est à charge à lui-même.
Pendant le triste accès de nos profonds dégoûts,
Que le temps qui s'enfuit marche à pas lents pour nous!
De noirs pressentiments notre âme embarrassée,

Soulève un poids fatal dont elle est oppressée.
Que cette nuit est longue !

Le plus grand malheur de celui qui commet un crime, c'est d'en comprendre toute l'horreur au fond de son âme.

En vain Macbeth est pressé, par l'odieuse Frédégonde, de poignarder Duncan ; il frémit à cette idée, et s'énumère à lui-même toutes les raisons qui doivent l'arrêter.

Le frapper! mais l'honneur, mais la reconnaissance!
Mais un vieillard, un roi, mon parent, mon ami,
Ici, dans ce palais, sous ma garde endormi!

FRÉDÉGONDE.

Quoi! déjà des remords?

MACBETH.

Frédégonde, crois-moi :
J'ai pitié de mon fils, de moi-même et de toi.
Non, ce n'est pas en vain que notre âme frissonne;
C'est le Ciel alarmé qui s'ébranle et qui tonne.

Plus il approche du moment fatal, plus il se trouble ; il frémit comme à l'idée d'un inévitable supplice, et, bien loin de goûter la joie de son succès, il conjure les objets, témoins de son crime, de ne point l'accuser ; il leur demande grâce.

Marbres silencieux,
Soyez sans mouvement, sans oreilles, sans yeux ;
Doublez autour de moi vos épaisseurs funèbres ;
Ne sentez pas mes pas glisser dans vos ténèbres.

Quand tout est consommé, sa souffrance s'accroît encore ; il voit alors son crime dans toute son horreur ; l'image de ce crime lui est toujours présente, et il s'écrie à l'aspect de sa victime :

Il est donc toujours là... Quel témoin... Qu'on l'emporte.
Entrons... le voir encore ; il semble à cette porte
Que son corps tout sanglant est prêt à m'arrêter !
Quelle horreur ! quel forfait ! où fuir ? où m'éviter ?
J'entends du bruit. On vient. O supplice ! ô prodiges !
Quoi ! de la mort partout j'aperçois les vestiges ?
Il avait bien du sang !

Quel mot que celui-là, comme il peint admirablement bien le supplice d'un meurtrier condamné à revoir toujours sa victime ; ce qui s'est passé depuis quelque temps reste présent pour lui ; il ne se souvient pas d'avoir vu, il voit encore, il voit toujours ; le sang de sa victime n'a point cessé de couler pour lui ; et, dans la situation d'esprit où il se trouve, rien de plus profondément vrai que ce mot : *il avait bien du sang*. Les lois de la nature sont tellement changées, pour son supplice, qu'elles lui font d'une apparence, une réalité,, et d'un souvenir, un spectacle ; il en est réduit à demander les larmes, qui sont le partage de la douleur, comme un soulagement, comme un bonheur.

Si je pouvais pleurer !
Des larmes ! Prions... Qui ?... Mourons... Il est des dieux.

Voilà les mots qui lui échappent et qui sont autant de cris de douleur, autant de preuves qu'il ne peut y avoir d'autre refuge pour le coupable que le repentir.

Puis viennent les reproches que s'adressent les deux complices, c'est-à-dire les souffrances de la honte.

MACBETH.

Qu'as-tu fait de Duncan? c'est toi, c'est toi.

L'homme a instinctivement une si grande horreur du crime, qu'il ne veut jamais l'avoir commis de lui-même, et sans y avoir été poussé.

Toutefois, Macbeth n'est pas au terme de ses douleurs.

Au moment où il reçoit la couronne, il est sommé par les grands de l'Écosse de jurer le supplice de l'assassin de Duncan; il est condamné à prononcer sa propre sentence.

SETON.

Jure qu'en ce palais, encor plein d'épouvante,
De Duncan égorgé calmant l'ombre sanglante,
Contre son meurtrier tu vas tout à la fois
Armer le Ciel vengeur et le glaive des lois.
Ordonne qu'à l'instant son supplice s'apprête!

MACBETH.

Je le jure... Sa mort... Fantôme horrible! arrête!
Arrête! et depuis quand, couverts de leurs lambeaux,
Les spectres déchaînés sortent-ils des tombeaux?

Un affreux malheur pour le criminel, c'est de penser qu'il aurait pu ne pas l'être, c'est de regretter son innocence perdue à jamais : ce malheur n'est point épargné à Macbeth.

MACBETH.

Je connus un Macbeth, noble, vaillant, fidèle,
Défenseur de l'Etat, défenseur de son roi,
Ce Macbeth généreux, hélas! ce n'est plus moi.
Allons, délivrons-nous d'un affreux diadème!
Si je pouvais encor redevenir moi-même?
Jamais... D'un poids fatal mon âme est oppressée.

Puis il continue :

Le sommeil pour jamais a fui de ma paupière,
Je l'invoque aujourd'hui par des vœux superflus,
Duncan m'a dit tout bas : tu ne dormiras plus.

Le poëte ajoute encore au regret de l'assassin en amenant devant lui un jeune prince qui a conservé la douce tranquillité de l'innocence.

Ainsi, par une habile gradation, l'horreur du remords est portée à son comble; ainsi on voit Macbeth réussir dans tous ses projets, et trouver dans chacun de ses succès une nouvelle souffrance; ainsi on voit toutes ses joies devenir des tortures, et quand, entouré de ses amis, de sa famille, il entend les compagnons de sa gloire applaudir à son triomphe, quand chacun des assistants le croit arrivé au comble des félicités humaines, l'heureux Macbeth se tue pour échapper à son bonheur.

Dans le *Faust* de Goëthe, ce personnage porte ses regards sur un tableau fantastique où il revoit toutes les scènes de sa vie passée; il reconnaît la jeune fille qu'il a perdue; il pâlit et cherche en vain à détourner les yeux de cette horrible image; mais le remords, sous la forme de Méphistophèles, la lui retrace sans pitié.

FAUST.

Elle eût été si heureuse dans une chaumière, au pied des Alpes! Sans moi elle eût vécu paisible, au sein de l'innocence. Hélas! je n'ai point eu de repos que je n'aie brisé et flétri sa pauvre destinée. Mais écartons cet importun souvenir, jetons le voile protecteur de l'oubli sur les fautes de l'irréparable passé; cherchons dans les investigations et les calculs de la science, une distraction à ma souffrance.

MÉPHISTOPHÈLES.

Ce tableau m'occupe malgré moi. Comme cette jeune fille est belle! quel charme respire encore sur ce pauvre visage flétri par la douleur! Elle méritait peut-être un meilleur sort?

FAUST.

Laissons là ces vaines illusions; le spectacle de la nature appelle mon admiration; c'est à l'étude de ses merveilles que je vais désormais livrer ma pensée.

MÉPHISTOPHÈLES.

Elle t'a aimé de tout son amour; elle a sacrifié au fol attachement qu'elle avait pour toi les joies saintes de l'innocence; et sa beauté, que le désespoir lui a ôtée, et ses amitiés de sœur, et ses rêves de jeune fille. Comme elle t'aimait!

FAUST.

N'est-il point d'autres félicités que celles de l'amour? n'est-il pas un bonheur que peuvent donner les triomphes du génie, la possession des biens de la terre?

MÉPHISTOPHÈLES.

Les faibles gémissements de ce fantôme arrivent jusqu'à nous. N'es-tu pas frappé comme moi de la douceur de sa voix? N'es-tu point ému de ses tendres accents? tu les as autrefois entendus avec ravissement.

FAUST.

Il était écrit que je la perdrais; il y a de l'inévitable et de l'indomptable dans les choses humaines; mais je puis revivre d'une vie nouvelle; je puis, comme tant d'autres, boire à la coupe enchantée de Circé, et dans l'ivresse des plaisirs, je perdrai mes souvenirs, j'étoufferai mes regrets, je me délivrerai de mon cœur.

MÉPHISTOPHÈLES.

Son regard semble chercher un regard ami; ses bras sont tendus vers nous comme pour une étreinte accoutumée.

FAUST.

Hélas! je lutte en vain; les fleurs de ce premier amour se relèvent une à une dans mon cœur, comme se redressent celles de la prairie, quand l'orage qui les a flétries est dissipé.

La *Phèdre* de Racine est un tableau des souffrances du remords non moins admirable de coloris, non moins frappant de vérité; comme Shakespeare avait ouvert et mis à nu le cœur du meurtrier, Racine a ouvert et mis à nu le cœur de la femme adultère; il nous a fait suivre avec un indicible intérêt les progrès de sa passion et ceux de ses souffrances: ces deux choses se suivant toujours dans la nature morale, à des intervalles plus ou moins éloignés.

Pour toute femme, la chasteté est le premier devoir, le premier mérite, la première gloire; mais Phèdre n'est pas seulement femme, elle est reine, elle est épouse, elle est mère ; l'obligation de rester pure lui est imposée plus rigoureusement qu'à une autre femme; avant de faillir, elle a plus de liens à briser, plus d'affections à étouffer, plus de devoirs à fouler aux pieds ; il en résulte que la douleur du remords doit être plus profonde pour elle que pour une autre ; car plus notre cœur tient à un sentiment, plus il souffre à s'en détacher.

Au moment où Phèdre écoute sa passion, le remords proteste par la douleur contre cette injuste victoire; et à mesure qu'elle devient plus coupable, elle devient plus malheureuse.

En vain elle cherche à se faire illusion sur le caractère de son penchant; en vain elle ne l'avoue qu'avec des formes de langage qui en atténuent la honte; en vain elle dit qu'elle a longtemps résisté, qu'elle se condamne au fond du cœur, qu'elle a mille fois souhaité la mort, et qu'elle est vaincue par la fatalité.

En parlant ainsi, elle se justifie plus aux yeux des spectateurs qu'aux siens propres : elle se sent démentie dans ses vaines allégations par l'impitoyable justice de sa conscience ; elle ressent, au milieu de ses justifications, l'aiguillon acéré de la douleur; elle a peur de son époux qu'elle offense, de son amant qui la méprise, de ses enfants qu'elle déshonore, des dieux qui la menacent, mais surtout elle a peur d'elle-même.

Ce n'est pas assez : un premier crime la conduit à d'autres, la vie de Thésée l'importune, et le bruit de son trépas lui cause une joie homicide; elle calomnie Hippolyte, avec la certitude que cette calomnie est l'arrêt de mort de ce jeune prince; mais ces nouveaux crimes ne font qu'ajouter à ses souffrances morales; chaque pas nouveau qu'elle fait dans la voie fatale où elle est engagée, lui arrache un nouveau cri de douleur. Enfin, elle arrive à ne pouvoir plus supporter le poids de la vie; le succès de ses divers projets ne diminue en rien la douleur qu'elle ressent de les avoir conçus; elle a réussi à tromper Thésée ; elle est parvenu à se venger d'Hippolyte; la mort d'Œnone l'a délivrée d'une complice; toutes les preuves de son crime ont disparu, et néanmoins elle est désespérée du seul souvenir de ce crime ; elle avait résisté aux souffrances de la haine, de la jalousie, de la terreur et de la honte ; mais elle est vaincue par les remords : le remords la tue.

A voir la sombre énergie avec laquelle est retracée ici la douleur du remords, on se prend involontairement à plaindre celle qui l'éprouve : un crime qui cause tant de regret paraît expié ; la tache imprimée à l'innocence disparaît sous les larmes, et l'on est tenté de croire que Racine, au lieu de peindre le remords, a peint le repentir ; il n'en est rien pourtant ; si Phèdre a honte de sa passion, dans le secret de son âme, elle y reste attachée.

Hélas ! du crime affreux dont la honte me suit,
Jamais mon triste cœur n'a recueilli le fruit !

Ce n'est pas là le gémissement du repentir ; c'est, au contraire, le cri du désespoir poussé par un amour qui est déçu dans son attente ; c'est le cri d'une âme qui regrette de n'avoir pas été aussi coupable qu'elle pouvait l'être ; ce mot là est un mot sorti de l'enfer : « Ce mot, dit Châteaubriant, est celui du damné. »

LETTRE D'UN PÈRE A SON FILS

CE PÈRE ENTREPREND DE MONTRER QUELLE EST L'UTILITÉ LITTÉRAIRE DE LA DOULEUR.

Sommaire.

Il y a des preuves de ce fait à tirer du raisonnement, de l'étude du cœur humain et de l'expérience.

Pour me tirer des pleurs, il faut que vous pleuriez, dit la raison.

Le cœur s'attendrit par la souffrance, nous disent les moralistes qui l'ont le mieux connu.

Les plus beaux génies littéraires, nous dit l'histoire, ont été des hommes profondément malheureux : Homère, Virgile, Dante, le Tasse, Milton, Camoëns, Pascal, Molière, Corneille, Racine, J.-J. Rousseau.

DÉVELOPPEMENT.

La douleur est la compagne assidue de l'homme, qui vient au monde en pleurant, qui en sort au milieu des larmes de ses proches, et qui, dans la route qu'il parcourt du berceau à la tombe, n'a de repos qu'autant qu'il lui en faut pour recouvrer la force de supporter de nouvelles souffrances. Aussi un ancien disait-il avec raison « que le limon dont Prométhée avait formé le premier homme, avait été délayé et pétri avec des larmes. »

La première étude, pour l'écrivain, est donc celle de la douleur, puisqu'elle est, de toutes les affections, la plus communément éprouvée, la plus sympathique à la nature humaine, et celle dont la peinture produit le plus d'effet.

Malheureusement, la science de la douleur est du nombre de celles qu'on ne peut acquérir que par l'expérience. En fait de tortures morales, il y a des choses que ne devine ni l'imagination la plus vive, ni l'esprit le plus sagace, ni l'observation la plus attentive; il y a des choses qu'on ne trouve que dans le propre souvenir, et qu'on ne peut écrire que sous la dictée de son propre cœur.

Il est remarquable que les hommes dont le génie a été le plus profondément pathétique, sont des hommes dont la vie a été malheureuse, et qui avaient ressenti par eux-mêmes les souffrances qu'ils peignaient aux autres.

Ce sont deux aveugles, Homère et Milton, qui ont le mieux célébré la beauté de la lumière ; c'est un poëte disgracié de la nature, Virgile, qui a le mieux exprimé les inconsolables tristesses de l'amour dédaigné ; c'est dans l'exil, c'est aux pieds des saules qui bordent l'Euphrate, que le prophète hébreu a chanté avec tant de douceur la patrie absente ; c'est sous l'impression encore récente des malheurs causés par l'ambition, que Shakespeare a tracé les sombres figures des Macbeth, des Richard et des Hamlet ; c'est par le souvenir des passions qu'ils avaient ressenties, et des déceptions qu'ils avaient éprouvées, que Racine, Rousseau et Byron sont devenus des peintres si admirables des mélancolies du cœur. Consultons enfin ce qui se passe sous nos yeux : ne sont-ce pas les âmes repentantes de l'avoir perdue, qui sentent le mieux le charme de l'innocence? N'est-ce point en lui fermant les yeux, qu'on apprend à connaître combien un ami nous était cher? N'est-ce point surtout au moment où nous craignons de mourir, que la vie nous paraît douce?

Nos souffrances personnelles ont un autre avantage que celui de nous apprendre à parler le langage de la douleur.

Ainsi les douleurs du corps nous avertissent de ses périls ; sans l'ordre rigoureux qu'elles nous donnent de veiller à sa conservation, les excès de l'intempérance, du travail, de la colère et de la débauche, ne tarderaient point à détruire notre santé.

Ainsi encore, les doutes, les ignorances, les inquiétudes de l'esprit, nous portent à travailler, à examiner et à croire pour les dissiper.

Ainsi enfin, les peines du cœur nous font sentir le néant des grandeurs, la vanité des affections mondaines et la nécessité de penser à la vie future.

En un mot, toutes les douleurs augmentent en nous la puissance morale ; elles amollissent notre cœur, elles le fécondent par la rosée des larmes ; le champ de l'imagination, où naissent les sentiments et les pensées, ressemble au champ où croissent les moissons : quand il est sec, il est stérile.

Un homme qui ne connaîtrait point la douleur par lui-même, ne connaîtrait ni l'attendrissement de la bonté, ni la douceur de la commisération ; son cœur ne serait ému de rien, il ne serait accessible à aucun des bons sentiments de la nature humaine.

Si communément les rois, les grands, les riches et les puissants du monde sont moins bons, moins moraux que les autres hommes, c'est qu'ils ont moins souffert.

Si aujourd'hui on trouve en eux plus de sympathie, de pitié et de bonté pour leurs semblables, s'ils sont plus près de l'humanité qu'autrefois, c'est parce qu'ayant vécu à une époque de révolutions, ils ont senti, comme d'autres, les coups de l'adversité; c'est qu'au milieu des tempêtes qui ont renversé les palais comme les chaumières, ils ont reçu, eux aussi, les enseignements du malheur.

D'un autre côté, la tristesse nous fait sentir le besoin de solitude : elle nous fait rentrer en nous-mêmes; elle donne ainsi à nos pensées concentrées plus de force et plus d'énergie. L'homme n'est qu'un songe rapide, un rêve douloureux : « Il n'existe que par le malheur, dit Châteaubriant; il n'est quelque chose que par la tristesse de son âme et l'éternelle mélancolie de sa pensée. »

Si le talent d'exprimer la douleur est celui qui coûte le plus à l'homme, il est aussi celui qui lui donne le plus d'ascendant sur ses semblables.

« La douleur, dit Blair, est de toutes les passions, la plus éloquente, ou plutôt c'est elle qui rend éloquentes toutes les autres passions, et qui attendrit et rend pathétique toute espèce de caractère; douce et tendre, sombre et terrible, plaintive et déchirante, furieuse et atroce, elle prend toutes les couleurs; du haut de la tribune et du haut d'une chaire, elle remue tout un peuple; du théâtre où elle domine, elle trouble tous les esprits, elle transperce tous les cœurs : celui qui sait la mettre en scène et faire entendre ses accents, n'a pas besoin d'autre éloquence. »

PROVERBE.

« A chacun le prix de ses œuvres. »

PETITE PIÈCE REPRÉSENTÉE DANS UN PENSIONNAT DE DEMOISELLES.

Indications sommaires.

En apparence, rien n'est plus aisé que de composer un drame d'où résulte un enseignement moral; mettre une vérité en évidence, créer une série d'événements qui en soient la démonstration, quoi de plus simple? Il ne semble pas non plus fort difficile de mettre en jeu, dans les événements qu'on imagine, les petites passions des enfants.

Pourtant, la composition d'une pièce destinée à être jouée par de jeunes filles exige quelque réflexion, quelque travail.

1° D'abord, il est des sentiments, et ce sont précisément les plus intéressants et les plus dramatiques, qui ne peuvent y trouver place.

2° On ne peut y faire figurer d'autres personnages que des femmes.

3° On ne peut s'y moquer des personnes que les jeunes filles doivent respecter, comme une mère, une religieuse, une femme âgée, une maîtresse.

4° On n'y peut dépeindre les ridicules et les travers du monde, que les pensionnaires ne sont pas censées connaître.

On est donc enfermé dans un cercle d'idées fort étroit, et cependant on est tenu de remplir au moins certaines conditions imposées au drame; de donner à celui que l'on compose, de la suite, du mouvement et de l'intérêt.

Un tel exercice littéraire a donc son utilité: il habitue les élèves à rattacher plusieurs idées à une seule, à les suivre toutes, à les développer, à les mettre d'accord.

EXPOSÉ DU SUJET.

La vanité est une dangereuse conseillère; voilà l'idée première de la pièce qui suit et qu'il s'agit de rendre sensible.

La jeune fille que l'on suppose vaine emploie divers moyens pour se satisfaire; elle *flatte* une personne riche dont elle espère la succession, elle essaye d'*éloigner* une autre jeune fille qui lui fait obstacle; enfin, pour achever de perdre son ennemie, elle la *calomnie*; tout réussit d'abord à la méchante enfant, mais enfin la vérité se découvre par l'effet du sortilége naturel dont a fait usage l'*Ami des enfants* dans une de ses petites pièces.

PERSONNAGES.

LA COMTESSE. . . . . Henriette.
MARGUERITE, jardinière. . . . . . . Marie.
EMMELINE, élève vertueuse. . . . Elisa D.
MINETTE, élève hypocrite. . . . Coralie.
EMMA. . . . . Blanche.
EDWIGE. . . . . Adolphine
PAULA. . . . . Euphrasie
LUCETTE, fille de la jardinière. . . Lucie

PIÈCE

Jouée le jour de la Distribution des Prix

dans un pensionnat de demoiselles.

ANNÉE 1847.

SCÈNE I

Représentant un bosquet.

CORALIE (seule).

C'est ici l'endroit où la vieille comtesse aime à travailler entourée de paniers de fruits, de boîtes de confitures sèches et d'autres friandises... Elle s'avance : filons derrière ces arbustes, en nous tenant à portée de son panier d'oranges.

La gourmandise est, dit-on, un défaut très-vilain, c'est vrai, très-vilain ; mais les fraises que je vois sont bien belles !

LA COMTESSE (seule).

Toujours seule, toujours seule. Quel ennui !

CORALIE.

Seule avec des oranges. Je ne m'ennuierais pas, moi, dans une pareille société.

LA COMTESSE.

O mon enfant! ô ma pauvre Amélie!

CORALIE.

Tiens la vieille parle toute seule. Cachons-nous pour écouter; c'est mal d'écouter aux portes, mais derrière un arbuste, ce ne doit pas être la même chose.

SCÈNE II.

LA COMTESSE.

Seule, sur la terre! A mon retour en France, après ces tristes jours de la révolution qu'on a appelés des jours de gloire, je n'ai pas retrouvé un seul parent; les uns sont morts dans les armées révolutionnaires, les autres dans les armées vendéennes, ceux-ci sur l'échafaud, ceux-là dans les cachots, tous ont péri. Des amis, je n'en ai pas, on me croit pauvre; des connaissances, je n'en ai plus, je suis vieille; je ne sais que faire ni de mon affection, ni de mon temps, ni de ma fortune.

CORALIE (à part).

Elle ne sait que faire de sa fortune, elle veut la donner à quelqu'un, sans doute, c'est bon à savoir.

LA COMTESSE.

Aussi, ai-je voulu me placer comme dame pensionnaire près de ces jeunes filles; je les vois, du haut de mes fenêtres, s'ébattre joyeusement dans la prairie, fraîches, innocentes, rieuses, hélas! comme était ma petite Amélie; elle serait de leur âge. Il en est une, surtout, Elisa, qui a ses traits, son air de candeur, de douceur.

CORALIE (à part).

Donnons-nous adroitement toutes ces qualités-là.

LA COMTESSE.

Mais, avant de faire un choix, je vais les observer, les étudier dans leurs jeux, dans leurs travaux, dans leurs petits chagrins, et celle qui me paraîtra la meilleure sera mon héritière.

CORALIE.

Son héritière! Ce sera moi. (Elle sort.)

SCÈNE III.

LA COMTESSE ET ÉLISA.

LA COMTESSE.

Eh bien, Élisa, as-tu fait ma commission auprès de tes compagnes?

ÉLISA.

Oui, Madame, voilà mesdemoiselles Blanche, Adolphine, et puis mademoiselle Coralie, à qui j'ai dit que vous aviez un secret à leur apprendre. Elles sont vite accourues.

LA COMTESSE.

Curieuses!

CORALIE.

Désireuses de vous obéir, Madame.

LA COMTESSE.

Ecoutez-moi, mes enfants, je sais quelle est votre position; vous êtes orphelines, sans fortune, sans appui dans le monde; je puis vous être utile, les relations que j'ai conservées à l'étranger m'en donnent les moyens. Ainsi, une princesse turque me demande une compagne pour sa fille; elle est disposée à faire pour cette compagne de son enfant ce qu'elle fera pour son enfant elle-même; il y a loin d'ici en Turquie, je le sais, mais à votre âge, on aime à voyager.

TOUTES ENSEMBLE.

Oui, oui, oui.

LA COMTESSE.

Et puis, au terme du voyage, il y a un palais et toutes les magnificences de l'Orient.

TOUTES ENSEMBLE.

Oui, oui, oui.

LA COMTESSE.

Et puis, plus de travail : en Turquie, les femmes ne font rien.

TOUTES ENSEMBLE.

Nous sommes prêtes à partir.

LA COMTESSE.

Un moment; une chose est fâcheuse pour les femmes turques, elles sont renfermées.

ADOLPHINE (faisant la révérence et sortant.)

Renfermées! Merci.

BLANCHE (de même).

Renfermées! Bien obligée.

EUPHRASIE (de même).

Renfermées! Nenni.

CORALIE.

Moi, je me résignerais à être captive, si je l'étais avec une personne telle que vous, Madame.

LA COMTESSE.

C'est aimable... Et toi, Elisa, tu fais une petite moue qui te sert de réponse. Coralie est plus polie, toi, tu es plus franche; c'est bien, mais rappelez vos compagnes, je n'ai pas tout dit.

SCÈNE IV.

LA COMTESSE, ADOLPHINE, EUPHRASIE, BLANCHE, CORALIE, ÉLISA.

LA COMTESSE.

Je conçois votre effroi de la clôture. A votre âge, on aime la liberté, l'espace et le mouvement. Vous pouvez avoir tout cela chez un lord anglais de ma connaissance, dont la femme, qui est poëte, qui rêve sans cesse à des vers, me demande une jeune fille pour secrétaire. Or, bijoux, dentelles, vous auriez tout de la dame; elle ne vous demandera en échange qu'une seule chose : le silence. Un mot troublerait ses méditations poétiques; près d'elle, il faudra donc tenir votre langue, garder, pendant les trois ans que durera votre séjour en Angleterre, un silence absolu.

ADOLPHINE (faisant la révérence.)

En silence, trois ans! Merci.

EUPHRASIE.

Trois années sans rien dire! Bien obligée.

BLANCHE.

Un silence de trois ans, c'est trop fort pour moi, qui n'en ai pas l'habitude. Merci bien.

LA COMTESSE.

Et vous, mes deux petites?

CORALIE.

Je consens à me taire, s'il m'est permis de vous écrire, Madame.

LA COMTESSE.

Merci, mon enfant.

ÉLISA.

Moi, je voudrais bien me taire, mais..... j'ai peur d'en devenir malade.

SCÈNE V.

LA COMTESSE (seule, puis les rappelant.)

Allons, jeunes folles, revenez, j'ai une troisième et dernière proposition à vous faire.

SCÈNE VI.

LA COMTESSE, ADOLPHINE, BLANCHE, EUPHRASIE, ÉLISA ET CORALIE.

LA COMTESSE.

Il ne s'agit plus de se condamner ni au silence, ni à la prison. Voulez-vous être placées auprès d'une dame russe, un peu fantasque, il est vrai ; mais qui est d'une folie douce, et qui a d'ailleurs un esprit distingué et un cœur excellent ? Son unique travers est de ne pouvoir souffrir près d'elle une belle personne. Elle est belle elle-même, et la beauté des autres lui déplaît : il y a des femmes qui sont comme cela. Elle a des secrets pour jaunir le teint et blanchir les cheveux ; et elle s'en sert pour enlaidir celles qui l'entourent et qu'elle voit alors avec plaisir.

TOUTES ENSEMBLE.

Devenir laides ! Merci, merci.

LA COMTESSE (à part).

Il faut leur pardonner... elles sont jeunes!

CORALIE.

Mesdemoiselles, pourquoi cette frayeur de devenir laides? La véritable beauté, nous dit la sagesse, n'est-ce pas celle de l'âme? Si je n'étais pas si petite, je partirais; je n'ai pas peur d'enlaidir.

ÉLISA.

Elle n'a pas peur d'enlaidir : On n'a pas peur de la pluie quand on est mouillé.

LA COMTESSE.

Elisa, c'est mal ce que vous dites-là. Mais vous, c'est bien parler, mademoiselle Coralie.

ADOLPHINE.

Est-ce notre faute, à nous, si nous aimons à paraître belles? Pourquoi donc est-on sans cesse à nous vanter ce qui est beau? Ah! la belle robe! Oh! la belle fleur! Pourquoi nous dire : Beau comme un ange, laid comme le démon! Je ne veux pas ressembler au diable, moi, voilà.

ÉLISA.

C'est bien dit!

LA COMTESSE.

Tu as tort d'approuver cela, Elisa. Quelques mots là-dessus, mon enfant; donne-moi le bras, et faisons un tour d'avenue.

ÉLISA.

Volontiers.

CORALIE (les suivant des yeux).

Voilà déjà Élisa un peu compromise dans l'esprit de la dame. Achevons notre ouvrage, continuons de flatter la bonne dame, et, tout doucement, son héritage nous adviendra.

SCÈNE VII.

CORALIE (seule).

Les voilà parties. Personne ne nous voit. Allons d'abord au panier d'oranges. Une, deux, trois..... Maintenant, à la cage du bouvreuil; mettons de l'encre dans son abreuvoir, et laissons l'encrier d'Élisa sur le gazon. C'est fini. Allons, en troisième lieu, à la cage du serin; ouvrons-la, attachons cet effilé jaune à la patte de l'oiseau qui va s'envoler et se percher sur une de ces branches. Élisa a une ceinture jaune, c'est elle qui sera soupçonnée; la vieille sera furieuse; elle tient à ses bêtes qui lui tiennent lieu de famille. Mais j'aperçois la jardinière, Marguerite, qui rôde aux environs : disparaissons, la prudence est la mère de la sûreté. Voici d'ailleurs Élisa.

SCÈNE VIII.

ÉLISA (seule).

Cette pauvre comtesse est rentrée chez elle ; elle m'a un peu grondée ; mais, comme elle est bonne! Elle va revenir ici, car elle y a laissé ses livres, ses oiseaux. Pauvre femme! elle n'a que ses petites bêtes pour l'aimer! Voyons, mettons ces cages à l'ombre : le grand soleil ferait mal à ces prisonniers. Maintenant, allons leur chercher du plantin et du mouron. La petite fille de la jardinière, Lucette, m'en donnera. (Elle élève la voix.) — Marguerite, où est Lucette?

SCÈNE IX.

MARGUERITE.

Mamselle! Sous les tilleuls..... Madame la comtesse m'envoie quérir ses oranges, ses oiseaux.....

— Plus d'oranges!..... oh! mon Dieu!... Damnée petite fille!..... De l'encre dans l'abreuvoir du bouvreuil! je ne m'étonne pas, s'il ne chantait plus, la pauvre bête!.....

Voyons l'autre..... Envolé! le voilà sur le robinia avec de la soie jaune à la patte ; il est arrêté par cette soie à la branche, et le chat, qui a grimpé jusqu'à lui, l'a saisi! Oh! les démons d'enfants!..... Pauvre comtesse!..... Que va-t-elle dire!.....

SCÈNE X.

MARGUERITE, LA COMTESSE.

LA COMTESSE.

Qu'y a-t-il, Marguerite? vos cris m'épouvantent.

MARGUERITE.

Ce qu'il y a, madame la comtesse, un grand malheur! Le bouvreuil qui est malade d'avoir bu de l'encre, le serin qui a été dévoré sur ce robinia.

SCÈNE XI.

CORALIE, LA COMTESSE, MARGURITE.

LA COMTESSE.

Qui donc a pu vouloir me causer une pareille peine!

CORALIE.

A vous, Madame, qui êtes la bonté même; quelle horreur!

MARGUERITE.

Une indication : le pauvre bibi s'est emberlificoté

les pattes, comme qui dirait dans un effilé jaune! Mlle Elisa, qui était ici il n'y a qu'un instant, a une ceinture jaune! Mais que vois-je, mon Dieu! Ce n'est pas tout; voilà, sur le gazon, un encrier.

MARGUERITE.

Je le reconnais pour l'avoir lavé hier; c'est celui de Mlle Elisa.

CORALIE.

Qui est-ce qui aurait cru cela!... mais, le moyen d'en douter!

LA COMTESSE.

Marguerite, et vous, Coralie, qui que ce soit que vous soupçonniez, silence! Les apparences ne sont pas des preuves. Donnez-moi votre bras, Marguerite. (à Coralie.) Adieu, ma chère enfant. Hélas! encore une illusion évanouie.

SCÈNE XII.

CORALIE (seule).

Les choses s'arrangent à merveille! Je suis sa chère enfant, tandis qu'Elisa est perdue dans son esprit. Or, la vieille est riche, riche, riche à confondre! Une belle voiture, de belles robes, de beaux cachemires, voilà ce que j'aurai bientôt. Mais, allons rejoindre ces demoiselles; elles aiment Elisa, et il y a des précautions à prendre avec elles. D'ailleurs, Marguerite revient ici, et cette femme a un regard qui m'épouvante. Ces gens du peuple sont si soupçonneux !

SCÈNE XIII.

MARGUERITE (seule).

Non, la coupable n'est pas celle qu'on suppose !..... Espiègle, mais franche !.....

LA COMTESSE.

Je viens de l'interroger; dans sa voix, sur son front, j'ai lu son innocence; en la voyant pleurer, en entendant ses cris de désespoir, il m'a été impossible de conserver contre elle aucun soupçon, mais sera-t-elle jugée par tout le monde comme par moi? Il y a contre elle de terribles indices, dont ne manquera pas de tirer parti la vraie coupable.

SCÈNE XIV.

MARGUERITE, CORALIE.

CORALIE.

Ma bonne Marguerite, vous qui servez de femme de ménage à madame la comtesse, dites-lui donc le malheur qui nous arrive !

MARGUERITE.

Quel est donc ce malheur?

CORALIE.

Cette entêtée d'Elisa qui a fait les méchancetés que vous savez, n'a rien voulu avouer, et la maîtresse, irritée contre nous, a dit : Mesdemoiselles, point de récréation, tant que la coupable ne se sera pas déclarée. Nous voilà prisonnières, à dater de ce soir. Tâchez que Mme la comtesse intercède pour nous; elle est si bonne, si douce, si indulgente ! et vous-même, ma chère Marguerite, vous êtes si complaisante !

MARGUERITE.

J'y vais, Mademoiselle.

SCÈNE XV.

CORALIE (seule).

Elisa n'est pas seulement perdue dans l'esprit de la comtesse; la voilà perdue aussi dans l'esprit de toutes les pensionnaires, tandis que moi, au contraire, je serai bien venue, et auprès de la comtesse, pour avoir eu la bonne pensée de demander grâce, et auprès des pensionnaires, pour l'avoir obtenue. Mais, cela ne suffit pas..... il me vient une autre idée..... mettons-la à exécution : tant qu'Elisa sera ici, je ne serai pas tranquille; il faut qu'elle soit chassée ; il faut que la comtesse, qui a un faible pour elle, ne la voie plus : loin des yeux, loin du cœur, dit le proverbe, mais j'aperçois la bonne dame.

SCÈNE XVI.

LA COMTESSE, CORALIE.

LA COMTESSE.

Va, ma chère Coralie, annoncer à tes petites amies que j'ai obtenu leur grâce : tu as eu l'excellente pensée de plaider leur cause, il est juste qu'elles sachent qu'elles ont cette obligation à ton bon cœur.

CORALIE.

C'est à vous seule, Madame, qu'elles doivent de la reconnaissance. (Elle sort.)

SCÈNE XVII.

LA COMTESSE (seule).

Ma pauvre Elisa ! Je n'ai pas voulu que ses compagnes lui reprochassent d'être privées de récréation à cause d'elle ; et puis, au fond, sa faute est-elle si grave ? Un oiseau abreuvé d'encre ! Espièglerie ; un autre oiseau rendu à la liberté ! inspiration d'un bon cœur, peut-être ! Une orange enlevée ! bagatelle !

Enfin, est-elle la véritable coupable ? A la voir avec ce front candide, avec cet air ingénu, on est tenté d'en douter. La voilà ; pauvre enfant, elle a dû bien pleurer.

SCÈNE XVIII.

LA COMTESSE, CORALIE.

LA COMTESSE.

Viens, mon enfant : le repentir, c'est l'innocence.

ELISA.

Le repentir, Madame! Je ne suis point coupable.

LA COMTESSE.

Par orgueil, ne refuse point d'avouer : il faut rougir de commettre des fautes ; il ne faut pas rougir d'en convenir.

ÉLISA.

Je ne suis pas coupable.

LA COMTESSE.

Je n'insiste pas. Cependant, bien des apparences te condamnent.

ÉLISA.

Je ne suis pas coupable! Mais quoi, vous, Madame, vous me soupçonnez, vous aussi?

LA COMTESSE (à part).

Il y a dans sa voix un accent de vérité qui me persuade : ses moindres paroles me remuent jusqu'au fond du cœur.

ÉLISA.

Je cherchais près de vous un refuge contre l'injustice; j'ai cru que, comme le bon Dieu, vous lisiez dans mon âme!..... et vous me soupçonnez!..... Je suis bien malheureuse!

LA COMTESSE (à part).

Que son émotion paraît vraie et sincère! Non, ma fille, je le vois, je le sens, non, tu n'es pas coupable.

ÉLISA.

Oh! merci, mon Dieu! merci. (Elle tombe à genoux.)

LA COMTESSE (apercevant les pensionnaires).

Relève-toi, ma fille, on croirait que je te pardonne; voici tes compagnes.

SCÈNE XIX.

LES PENSIONNAIRES, LA COMTESSE.

EUPHRASIE.

Madame, nous venons vous rendre grâces d'avoir si heureusement intercédé pour nous. Quel dommage c'eût été d'être captives un si beau jour!

CORALIE.

Aussi notre reconnaissance est-elle bien vive.

LA COMTESSE.

Bien, mes enfants : mais que la joie vous rendent

indulgentes; oubliez les fautes commises, pardonnez, comme moi, à la coupable, quelle qu'elle soit, car, sur ce point, il y a doute, et les apparences ont pu nous tromper. Dans le goûter qui se prépare ici-près pour vous, que tout soit oublié.

SCÈNE XX.

LES PRÉCÉDENTES, MARGUERITE.

MARGUERITE.

Votre chambre faite, Madame, vous m'aviez dit de porter une lettre à la poste ; j'ai cherché cette lettre sur votre table à ouvrage, où vous l'aviez mise, je ne l'y ai plus retrouvée. L'auriez-vous emportée ou confiée à une autre personne ?

LA COMTESSE.

Ni l'un ni l'autre, ma chère Marguerite, mais, cherchez mieux, vous la retrouverez.

CORALIE (d'une voix doucereuse).

Ne pensons plus ni au bouvreuil, ni au serin, ni aux oranges. Allons, console-toi, Elisa, qu'il ne soit plus question de rien, essuie tes pleurs.

(Elisa tire son mouchoir pour essuyer ses larmes et alors la lettre de la comtesse tombe à ses pieds).

Elle pousse un cri d'effroi ! oh ! mon Dieu !

CORALIE (ramassant la lettre).

L'adresse est à M. Robineau, notaire à Gerzicourt, près Monderville.

MARGUERITE (sévèrement).

Mademoiselle, par quel hasard cette lettre est-elle entre vos mains ?

LA COMTESSE.

C'est là, Elisa, une bien coupable indiscrétion !

ADOLPHINE.

Vouloir connaître ce qu'on écrit à un notaire, à qui on dit ses secrets comme à un confesseur, ma dit papa.

EUPHRASIE.

Elle est si interdite qu'elle ne peut dire une parole.

ADOLPHINE.

Oh ! Elisa, c'est indigne !

BLANCHE.

Et moi qui, tout à l'heure, prenais sa défense, j'étais bien bonne, en vérité !

CORALIE.

Elle n'a peut-être pas compris tout le mal de son action.

ÉLISA (d'une voix courroucée).

Merci, de vos secours, Mademoiselle, je n'en veux pas ; j'aime mieux être regardée comme coupable que d'être justifiée par vous.

ADOLPHINE.

Est-elle impertinente ?

BLANCHE.

Quel ton superbe !

EUPHRASIE.

De l'orgueil ! quand, surtout, on a commis une action si basse.

ÉLISA.

Oui, l'action qu'on me reproche est indigne, mais si l'on a glissé à dessein la lettre dans ma poche, c'est plus indigne encore, et voilà ce qu'on a fait.

EUPHRASIE.

Mais qui a fait cela ?

ÉLISA.

Je n'en sais rien, je le soupçonne ; mais je n'accuse pas sur des soupçons, moi.

MARGUERITE.

D'un autre côté, il m'est avis que si mademoiselle Elisa avait su que la lettre était dans sa poche, elle n'aurait pas tiré son mouchoir au risque de la faire tomber.

BLANCHE.

C'est vrai, ça.

CORALIE.

Oui, mais on ne pense pas à tout.

ÉLISA.

On n'a pas besoin de penser à des précautions, quand on n'est pas en faute ; entendez-vous mademoiselle Coralie.

LA COMTESSE.

Allons, mes enfants, trève à ces réparties trop

vives; n'accusons pas, crainte d'accuser à tort; laissons à la conscience de celle qui a failli le soin de se juger. Après tout la lettre n'a pas été ouverte; la faute est moindre; laissons ces débats, le goûter vous attend; j'ai moi-même épluché les fraises, cela me fait penser à me laver les mains. Donnez-moi de l'eau, Marguerite; posez ma bague sur ce coffret.

MARGUERITE.

Oui, Madame.

(Elle pose la bague à l'endroit indiqué, va chercher de l'eau et une serviette derrière la charmille où est servi le goûter; elle revient et sort de nouveau).

SCÈNE XXI.

LA COMTESSE (seule).

Il y a là-dessous quelque mystère : cette petite Coralie, avec ses gracieusetés et ses flatteries, m'inspire une vague défiance; plus d'une fois, ses regards m'ont paru faux; mais, d'un autre côté, Elisa est presque convaincue, et la fierté de ses réponses n'est peut-être que de l'impertinence; triste incertitude! O qu'il est difficile de lire dans le cœur humain!

SCÈNE XXII.

LA COMTESSE, LES PENSIONNAIRES.

LES PENSIONNAIRES.

Madame, paraissez, tout est prêt, nous ne commencerons pas sans vous.

LA COMTESSE.

Je vous suis : allons Marguerite, rangez tout ceci.

SCÈNE XXIII.

MARGUERITE (seule).

Cela est évident, il y a parmi ces demoiselles un petit serpent caché qu'il s'agit de découvrir; cela n'est pas facile : elles sont toutes si futées et si malignes.

SCÈNE XXIV.

MARGUERITE, EUPHRASIE, CORALIE.

CORALIE.

Marguerite, Madame demande sa bague ; elle est, dit-elle, posée sur le petit coffret.

MARGUERITE (après avoir cherché).

Je ne la vois pas ! je suis pourtant bien sûre de l'avoir posée ici moi-même ; il n'y a qu'un moment elle y était encore.

CORALIE.

Dieu ! ce serait bien un autre malheur si on ne l'a retrouvait pas.

MARGUERITE (après avoir cherché de nouveau).

Je tremble rien que d'y songer ! une bague volée, je n'oserai jamais le croire, c'est impossible ; oh ! oui, c'est impossible ! le reste était bien mal ; mais un vol !

CORALIE.

Il faut pourtant annoncer la chose.

MARGUERITE.

Allons, je vas prendre mon courage à deux mains.

SCÈNE XXV.

CORALIE (seule regardant la bague avec joie).

Elle est bien belle ! mais crainte d'accident, cachons-la sous cette écorce écaillée du févier, je la reprendrai en temps utile, elle est à moi !

SCÈNE XXVI.

CORALIE, LA COMTESSE, LES PENSIONNAIRES.

CORALIE.

J'ai cherché en vain ; je ne vois rien.

LES PENSIONNAIRES (cherchant de leur côté).

Nous ne voyons rien.

LA COMTESSE.

En d'autres circonstances je serais moins crédule ; mais après ce qui s'est passé, je commence à croire au vol. Une voleuse parmi des enfants ! O mon Dieu ! ô mon Dieu ! cela s'est-il jamais vu ! Aussi, mes enfants, ne suis-je pas étonnée de votre désolation.

MARGUERITE.

Laissez-moi faire, Madame, je vais découvrir la voleuse, j'ai pour cela un moyen sûr ; rassurez-vous, je ne causerai d'effroi qu'à la coupable qui a besoin, vous en conviendrez, d'une leçon sévère. (Elle lui parle bas).

SCÈNE XXVII.

MARGUERITE, LA COMTESSE, ÉLISA, ADOLPHINE EUPHRASIE, BLANCHE ET CORALIE.

LA COMTESSE.

Il y a parmi vous, Mesdemoiselles, une méchante

petite fille dont vous connaissez la faute ; elle me voit, elle m'entend, et, une dernière fois, je lui demande de se nommer ?... Mais elle garde le silence...

MARGUERITE (apportant une corbeille couverte).

Voilà celui qui va chanter la vérité, puisqu'on ne veut pas la dire.

ADOLPHINE.

Qu'est-ce que c'est que cela ?

MARGUERITE.

Rangez-vous en cercle autour des chaises, et faites silence, pour écouter la vérité qui va parler.

ÉLISA.

Je me tue à comprendre, sans pouvoir y parvenir.

MARGUERITE.

Attention ! attention ! Chacune de vous va mettre sa main droite sous le voile qui couvre la corbeille ; et puis, la passer, en les touchant légèrement, sur les plumes du coq ; la chose faite, on reviendra se placer ici, la main fermée et cachée derrière le dos.

LA COMTESSE.

Dans tout cela, je ne vois pas ce qui peut nous conduire à la découverte de la vérité.

MARGUERITE.

Le voici : mon coq n'aura pas plutôt senti sur ses plumes la main de la coupable, qu'il se mettra à chanter kirikiki, corococo, d'une voix claire et sonore. Allons, Mesdemoiselles, je vais commencer et donner l'exemple. (Elle fait le geste indiqué).

Vous le voyez, le magicien n'a rien dit : Maintenant, à votre tour, et par rang d'âge. Avancez, mademoiselle Adolphine. (Adolphine passe la main sous le voile).

ADOLPHINE.

Il n'a rien dit pour moi non plus; s'il m'eût accusée, il eût été un fameux menteur!

EUPHRASIE (imite Adolphine).

Bien, il garde le silence : monsieur le coq, vous m'avez rendu justice!

MARGUERITE.

Soyez tranquille il ne se trompera pas.

(Coralie, Blanche, Élisa, font ce qu'elles ont vu faire. Le coq continue à se taire).

EUPHRASIE.

Marguerite, ton coq est un pauvre sorcier; tu le vois, il n'a pu deviner la vérité.

MARGUERITE.

Ne vous pressez pas de l'accuser! Avancez, Mesdemoiselles, sans que vos mains quittent leur position... Bien... C'est cela... Maintenant, étendez la main ?

TOUTES (avec un cri d'effroi) :

O Dieu! mes mains sont toutes noires!

CORALIE.

Excepté la mienne qui est blanche!

MARGUERITE (d'une voix sévère).

C'est donc vous qui êtes la coupable, Mademoiselle! Car, si votre conscience ne vous eût pas effrayée, vous n'eussiez pas hésité à appuyer votre main sur les plumes du coq, couvertes d'une détrempe de suie. C'est vous-même qui vous dénoncez, c'est vous-même qui vous accusez !

BLANCHE.

Voilà donc enfin la vérité connue !

ADOLPHINE.

Le doute n'est plus possible.

EUPHRASIE.

L'indigne Coralie ! elle a bien raison de se cacher le visage.

CORALIE.

Perdue, perdue à jamais. (Elle s'enfuit).

LA COMTESSE.

Perdue ! non, elle se repentira : une leçon aussi terrible lui fera ouvrir les yeux. Elle est bien jeune encore ; ne soyons pas plus sévères que Dieu même, aux yeux de qui les larmes effacent les fautes. Je l'emmènerai chez moi ; je vais m'occuper d'elle avec un soin particulier. Elle n'a plus de mère, de là vient son malheur.

EUPHRASIE.

Maintenant, Élisa, tu peux relever la tête, te voilà justifiée et vengée.

ADOLPHINE.

Tu as recouvré toute notre affection.

BLANCHE.

Quelque chose me disait que tu étais innocente.

LA COMTESSE.

Viens, ma fille, je t'aimerai encore davantage. Hier, je n'aurais pas cru que cela fût possible ; tu as dignement supporté le malheur et l'injustice ; c'est là le vrai mérite ; car c'est là ce qu'il y a de plus difficile dans ce monde.

MARGUERITE.

Avouez que c'est une bonne chose que d'avoir un moyen de découvrir les voleurs, par le temps qui court, ça peut servir, car on dit qu'il y en a ailleurs qu'ici.

Si, dans notre pays qu'on vante,
Les coqs avaient la mission
De pousser une voix perçante,
Lorsque auprès d'eux passe un fripon,
Que de gens de ma connaissance,
Que l'or et les croix font briller,
Se tiendraient à longue distance,
Lorsqu'ils verraient un poulailler.

Si ceux dont le talent s'applique
A dérober le bien d'autrui,
Devaient tous, sur mon coq magique,
Promener la main aujourd'hui ;
Si l'oiseau de la vigilance,
En sentant sur soi le voleur,
Devait, de toute sa puissance,
Pousser un cri révélateur,
    Dans ces parages,
    Quels longs ramages,
    Dans tout Paris!
    Quels rikikis!

VERS

mis en musique, et chantés après la représentation de la pièce qui précède.

Paisible solitude
Asile du bonheur,
Où nulle inquiétude
N'agite notre cœur.

Champêtre monastère où vécut mon enfance,
Je te quitte à regret pour un autre séjour,
Mais j'emporte avec moi ta douce souvenance
Et je garde l'espoir de te revoir un jour.

UNE PETITE PENSIONNAIRE.

Sans honte et sans mystère
Pour moi, je l'avouerai,
Gaîment du monastère,
Ce soir je partirai.

J'aime l'étude
De tout mon cœur;
La solitude
Fait mon bonheur.

Rien n'est plus vrai, mais entre nous,
A la solitude que j'aime,
A des devoirs qui me sont doux;
Enfin, à l'étude elle-même,

Il est, dussé-je vous déplaire,
Je dois le dire avec candeur,

Il est un bien que je préfère,
Et qui touche encor plus mon cœur,

C'est la présence de ma mère,
C'est le jeu, c'est la liberté,
C'est le plaisir de ne rien faire,
Ou de faire ma volonté.

REFRAIN.

Paisible solitude! etc.

UNE GRANDE.

L'étude nous instruit.

UNE PETITE.

Le jeu nous divertit.

LA GRANDE.

Quoi de plus nécessaire?

LA PETITE.

Quoi de plus salutaire?

LA GRANDE.

L'ignorance avilit;

LA PETITE.

Le travail affaiblit.

LA GRANDE.

L'ignorance est honteuse.

LA PETITE.

Et l'étude ennuyeuse.
Trève à ces vains débats, et que dans ce beau jour,
Du travail au repos on passe tour à tour.

TOUTES LES PENSIONNAIRES.

Aux longs travaux exigés de l'enfance,
A la contrainte, à la captivité,

A la triste loi du silence,
Succède enfin la douce liberté.

UNE JEUNE PENSIONNAIRE.

Une voix douce me rappelle,
Au beau pays où j'ai reçu le jour;
Ainsi que la jeune hirondelle,
Qui part et promet le retour.
En me voyant libre comme elle,
Comme elle, je revole à mon premier séjour.

UNE AUTRE.

De l'asile pieux qui reçut mon enfance,
J'emporte, en le quittant, un tendre souvenir;
Puisse le ciel, touché de ma reconnaissance,
Vous qui m'avez aimée, à jamais vous bénir!

FIN DE LA DEUXIÈME PARTIE.

TABLE DES MATIÈRES

CONTENUES DANS CETTE DEUXIÈME PARTIE.

Pages.

Le Cerf-volant. 170
Les deux Rosiers. 172
La Fleur et la jeune Fille. 174
La Marée montante. 177
L'Auteur à la recherche d'un libraire. 189
Les Tombeaux de Saint-Denis. 194
Les Tribulations littéraires. 198
Un enterrement. 204
Les Mésalliances. 210
La constance des opinions politiques. 213
La Mort du duc d'Enghien. 219
Le jour de recette pour le propriétaire. 226
Dialogue sur cette question : Une mère ne doit-elle pas plus qu'un père être aimée de ses enfants ? . . 238
Dialogue sur la meilleure éducation. 242
Le bonheur du pauvre. 247
Dialogue sur la bonté de Dieu. 253
id. sur l'homme. 259
id. sur cette question : Est-il plus utile de se livrer à l'étude des lettres qu'à l'étude des sciences? 267
Lettre sur le spectacle que présente une fête de village. 273
Lettre d'un écolier à sa mère. 278
Lettre d'un père à son fils. 282
Lettre sur les plaisirs de l'intelligence. 284
Lettre sur les plaisirs du cœur. 285
Lettre d'un père à son fils. 287
id. id. Ce père entreprend de montrer quelle est l'utilité littéraire de la douleur. 302
Pièce jouée le jour de la distribution des prix dans un pensionnat de demoiselles en 1847. 309

FIN DE LA TABLE DES MATIÈRES DE LA 2e PARTIE.

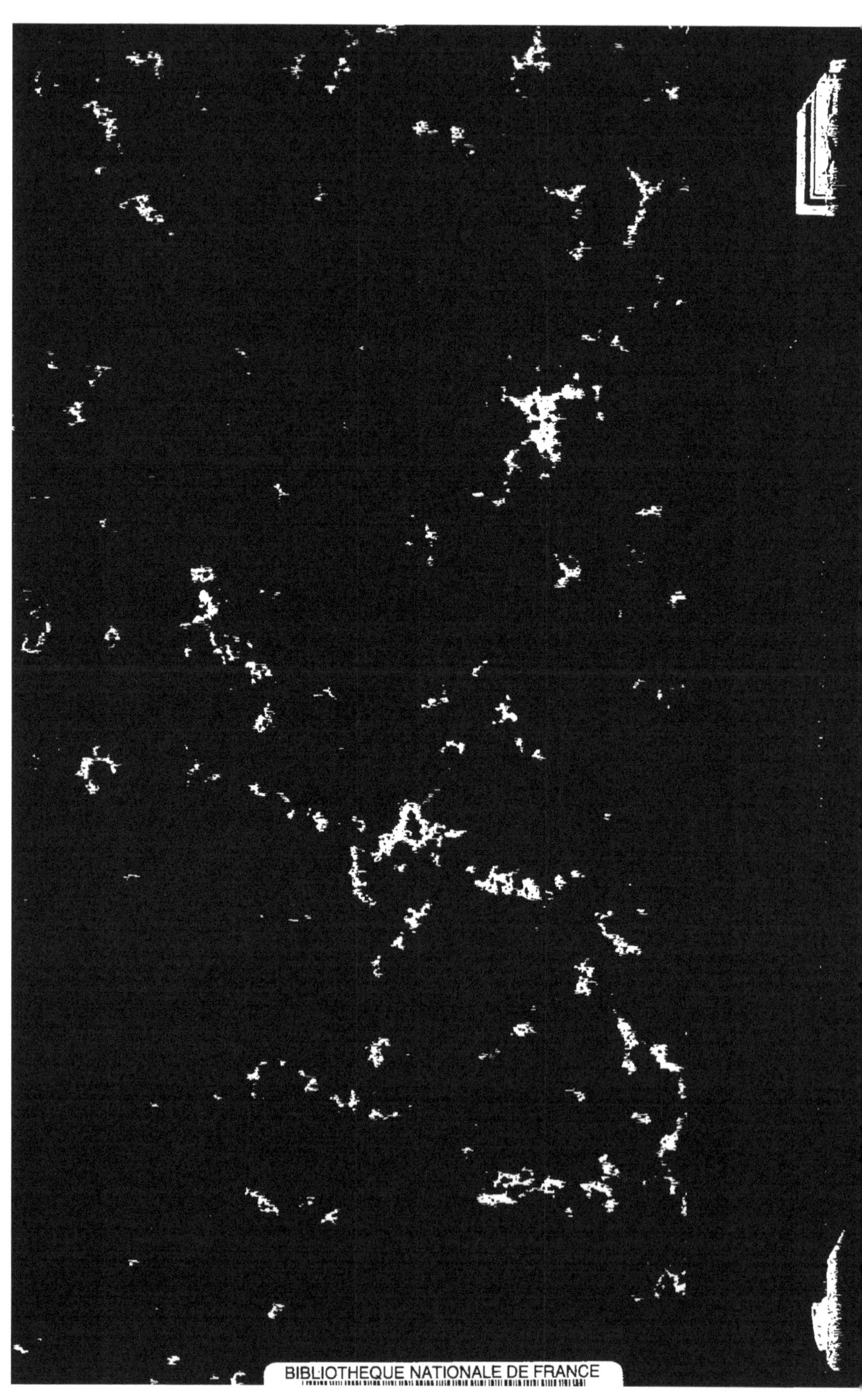

www.ingramcontent.com/pod-product-compliance
Ingram Content Group UK Ltd.
Pitfield, Milton Keynes, MK11 3LW, UK
UKHW031044260726
13965UKWH00006B/278

9 782012 956537